गौरा पन्त 'शिवानी'

गौरा पंत 'शिवानी' का जन्म 17 अक्तूबर, 1923 को विजयादशमी के दिन राजकोट, गुजरात में हुआ।

आधुनिक अग्रगामी विचारों के समर्थक पिता श्री अश्विनीकुमार पांडे राजकोट स्थित राजकुमार कॉलेज के प्रिंसिपल थे, जो कालान्तर में माणबदर और रामपुर की रियासतों में दीवान भी रहे। माता और पिता दोनों ही विद्वान्, संगीत-प्रेमी और कई भाषाओं के ज्ञाता थे। साहित्य और संगीत के प्रति एक गहरा रुझान शिवानी को उनसे ही मिला। शिवानी जी के पितामह संस्कृत के प्रकांड विद्वान् पं. हरिराम पांडे, जो बनारस हिन्दू विश्वविद्यालय में धर्मोदेशक थे, परम्परानिष्ठ और कट्टर सनातनी थे। महामना मदनमोहन मालवीय से उनकी गहन मैत्री थी। वे प्राय: अल्मोड़ा तथा बनारस में रहते थे, अत: अपनी बड़ी बहन तथा भाई के साथ शिवानी जी का बचपन भी दादाजी की छत्रछाया में उक्त स्थानों पर बीता, उनकी किशोरावस्था शान्तिनिकेतन में और युवावस्था अपने शिक्षाविद् पति के साथ उत्तर प्रदेश के विभिन्न भागों में। पति के असामयिक निधन के बाद वे लम्बे समय तक लखनऊ में रहीं और अन्तिम समय में दिल्ली में अपनी बेटियों तथा अमरीका में बसे पुत्र के परिवार के बीच अधिक समय बिताया। उनके लेखन तथा व्यक्तित्व में उदारवादिता और परम्परानिष्ठता का जो अद्भुत मेल है, उसकी जड़ें इसी विविधमयतापूर्ण जीवन में थीं।

शिवानी की पहली रचना अल्मोड़ा से निकलनेवाली 'नटखट' नामक एक बाल पत्रिका में छपी थी। तब वे मात्र बारह वर्ष की थीं। इसके बाद वे मालवीय जी की सलाह पर पढ़ने के लिए अपनी बड़ी बहन जयंती तथा भाई त्रिभुवन के साथ शान्तिनिकेतन भेजी गईं, जहाँ स्कूल तथा कॉलेज की पत्रिकाओं में बांग्ला में उनकी रचनाएँ नियमित रूप से छपती रहीं। गुरुदेव रवीन्द्रनाथ टैगोर उन्हें 'गौरा' पुकारते थे। उनकी ही सलाह पर कि हर लेखक को मातृभाषा में ही लेखन करना चाहिए, शिरोधार्य कर उन्होंने हिन्दी में लिखना प्रारम्भ किया। शिवानी की पहली लघु रचना मैं मुर्गा हूँ, 1951 में 'धर्मयुग' में छपी थी। इसके बाद आई उनकी कहानी लाल हवेली और तब से जो लेखन-क्रम शुरू हुआ, उनके जीवन के अन्तिम दिनों तक अनवरत चलता रहा। उनकी अन्तिम दो रचनाएँ सुनहु तात यह अकथ कहानी तथा सोने दे उनके विलक्षण जीवन पर आधारित आत्मवृत्तात्मक आख्यान हैं।

1979 में शिवानी जी को 'पद्मश्री' से अलंकृत किया गया। उपन्यास, कहानी, व्यक्तिचित्र, बाल उपन्यास और संस्मरणों के अतिरिक्त, लखनऊ से निकलनेवाले पत्र 'स्वतंत्र भारत' के लिए शिवानी ने वर्षों तक एक चर्चित स्तम्भ वातायन भी लिखा। उनके लखनऊ स्थित आवास-66, गुलिस्ताँ कालोनी के द्वार लेखकों, कलाकारों, साहित्य-प्रेमियों के साथ समाज के हर वर्ग से जुड़े उनके पाठकों के लिए सदैव खुले रहे।

निधन : 79 वर्ष की आयु में, 21 मार्च, 2003, दिल्ली में।

मधुयामिनी

शिवानी

राधाकृष्ण पेपरबैक्स

राधाकृष्ण पेपरबैक्स में
पहला संस्करण : 2007
आठवाँ संस्करण : 2020

राधाकृष्ण पेपरबैक्स : उत्कृष्ट साहित्य के जनसुलभ संस्करण

राधाकृष्ण प्रकाशन प्राइवेट लिमिटेड
जी-17, जगतपुरी, दिल्ली-110 051
द्वारा प्रकाशित

शाखाएँ : अशोक राजपथ, साइंस कॉलेज के सामने, पटना-800 006
पहली मंजिल, दरबारी बिल्डिंग, महात्मा गांधी मार्ग, इलाहाबाद-211 001
36 ए, शेक्सपियर सरणी, कोलकाता-700 017

वेबसाइट : www.radhakrishnaprakashan.com
ई-मेल : info@radhakrishnaprakashan.com

बी.के. ऑफसेट
नवीन शाहदरा, दिल्ली-110 032
द्वारा मुद्रित

मूल्य : ₹ 150

MADHUYAMINI
Novel by Shivani

ISBN : 978-81-8361-111-4

क्रम्

तोप	7
मधुयामिनी	19
प्रतिशोध	31
मरण सागर पारे	49
गजदन्त	58
मित्र	71
दादी	80
भीलनी	90
चलोगी चन्द्रिका?	107
गान्धारी	123

तोप

तोप से मेरा परिचय आज का नहीं, उस ऐतिहासिक युग का है, जब वह सचमुच बारूद और आग के गोले उगलती तोप थी।

हमारी खिड़की के लोहे के जंगलों से हाथ डालकर ही उसके दुमंजिले मकान की छत छुई जा सकती थी। एक कागजी फूल की वन्यलता ने जंग लगी छत को पूरा घेर लिया था। जर्जर टीन के टुकड़ों की पत्तियाँ ठोक-ठोककर बरामदे की सुरक्षा का यथाशक्ति प्रयत्न करने पर भी एक दीवार आधी टूट गई थी। जर्जर मकान को गिरा देने का नोटिस जब तोप को मिला, वह सीना तानकर अपनी छत पर खड़ी हो गई थी और नगरपालिका के हिन्दू चेयरमैन पर उसने ऐसी भयानक गोलाबारी की थी कि उसके मकान गिराने के दुःसाहसी प्रस्ताव को फिर कभी नहीं दुहराया गया।

द्वितीय महायुद्ध से स्तब्ध अल्मोड़ा शहर की छावनी में बाहर से आस्ट्रेलियन सिपाहियों की एक बहुत बड़ी फौजी टुकड़ी आ गई थी। शहर की बहू-बेटियों ने मन्दिरों के दर्शन के लिए भी जाना छोड़ दिया था। सूप-सी तिरछी खाकी टोपियाँ लगाए, मर्कटमुखी फौ़जी टुकड़ी के लम्ब-तड़ंग खबीस अपने लोहे की कील जड़े बूटों से डामर लगी सड़क का कलेजा दहलाते परेड करने निकलते, तो पटापट खिड़कियाँ बन्द होने लगतीं, पर तोप की खिड़की के पट सदा खुले रहते। यही नहीं, पल्टनी बूटों की पदचाप सुनते ही वह अपना आधा धड़ खिड़की से नीचे लटका देती, साथ ही 'हे हनी...', 'हैलो, स्वीट हार्ट' के स्वरों के पत्र-पुष्प, सीटियों से सँवारकर तोप को अर्पित होने लगते, उधर तोप भी बार-बार अपनी अँगुलियाँ चूम, अदृश्य चुम्बनों का गुच्छे का गुच्छा हवा में फूँककर सड़क पर बिखेर देती। मैं उस निडर नारी का दुःसाहस देखकर दंग रह जाती। जिन गोरों को देखकर पहाड़ के पुरुषों के

छक्के छूट जाते थे, उन्हीं से तोप की मैत्री के रहस्य को मैं समझ ही नहीं पाती थी, फिर शायद समझने की मेरी उम्र भी नहीं थी। संध्या होते ही तोप का दरबार जुट जाता। नंगी छातियों पर 'आई लव यू' का गोदना गुदाए, आस्ट्रेलियन लम्बे भूत-से गोरे, तोप को गोद में उठाकर ऊँचे स्वर में गाने लगते। कभी उसे चूम-चूमकर हवा में गेंद की भाँति उछाल देते, बड़ी रात तक उनका हा-हा, ही-ही चलती, सुबह रंग-उड़ी तोप अपनी खिड़की के सामने खड़ी हो जाती तो अम्मा बौखला जातीं—"एक तेरा बाप था टॉमस मास्टर...जब तक इस हिन्दुओं के मुहल्ले में रहा, एकदम हिन्दू बना रहा। दीवालियों में दीये जलाता था और होलियों में उड़ाता था अबीर-गुलाल; एक तू है, जो नंगेपन पर उतर आई है!"

"तो वह बेचारी भी तो अबीर-गुलाल ही उड़ा रही है! अम्माजी, क्यों बेकार कोस रही हैं!" छोटी भाभी खिड़की पर तोप को सुना-सुनाकर कहतीं और तीनों भाभियाँ ठहाका लगाकर हँस पड़तीं। तोप भी निर्लज्जता से हँसने लगती। मैं अचरज से कभी भाभियों को देखती, कभी उसे। कहाँ होली खेली थी तोप ने! रंग से उसे बेहद चिढ़ थी। पिछली होली में हमने उसे रंग से भिगो दिया, तो उसने आफ़त ही कर दी थी। पर अब समझ में आया, ईश्वर के यहाँ से प्राणों में अबीर-गुलाल भरकर लाई थी वह अद्भुत नारी। दोनों हाथों से उलीचने पर भी उसकी रंगीन धरोहर की मंजूषा कभी रिक्त नहीं हुई।

तोप का नाम तोप नहीं था। नाम था क्रिश्चियाना वैरोनिका टॉमस। कंठ के पुरुष-स्वर, छः फुटे मर्दाना शरीर और कृष्णवर्ण को देखकर किसी कलामर्मज्ञ ने तोप नाम धर दिया था। कंठ की गर्जना से उसका स्वभाव अछूता रह गया था। प्रत्येक मोटी औरत की भाँति वह सरल और निष्कपट थी। स्त्रियों में उठना-बैठना उसे पसन्द नहीं था। उसके पिता पिथौरागढ़ के किसी स्कूल में अध्यापक थे। वहीं भोटिया लड़कों के साथ उसने प्रारम्भिक शिक्षा प्राप्त की। फिर तोप को एक मिशनरी मेम मद्रास उठा ले गई थी। मद्रास की जलवायु ने तोप के रंग को और भी काला कर दिया था। "तोप, तुम इतनी काली कैसे हो गईं? पहाड़ पर तो डोमनियाँ भी इतनी काली नहीं होतीं!" हमारी सुन्दरी, रूपगर्विता छोटी भाभी कभी बड़ा क्रूर मजाक कर देतीं, पर तोप कड़े से कड़े व्यंग्य को भी चुटकियों में उड़ा देती, "मद्रास में जो रही हूँ—बोज्यू! वहाँ के तो मुए कौवे भी काले होते हैं!" वह हँस देती। मिशनरी मेम की मृत्यु के पश्चात् तोप फिर पहाड़ पर चली आई थी। ऊँचे साहबी रहन-सहन से

उसका काला चेहरा बुद्धिप्रदीप्त हो उठा था। तेज लाल रंग की साड़ियाँ पहनकर वह घूमने निकलती, तो छोटी भाभी फिर तुरुप लगातीं—"हाय-हाय, कोयले की कोठरी में फिर आग लग गई!"

तोप हँसती और उन्हें चिढ़ाने के लिए बालों में पीला फूल लगा लेती—"क्या करें बोज्यू, दिन-रात साली खाकी वर्दी पहनते-पहनते तबीयत ऊब गई है, इसी से आज यह साड़ी निकाल ली।"

तोप फौज में वैकाई बन गई थी। एक दिन अपनी खाकी वर्दी में वह हमसे मिलने आई, तो तीनों भाभियाँ हँसती-हँसती दुहरी हो गईं—"क्यों जी तोप, क्या काम करना होता है फौज में तुम्हें?"

छोटी भाभी ने उसके कान में न जाने क्या कहा और तोप लाल पड़ गई, "हमको यह सब सस्ता मज़ाक पसन्द नहीं है, यार!" कहकर वह भरभराकर चली गई थी। फिर वह हमारे यहाँ सचमुच नहीं आई।

तीसरे दिन उसकी छुट्टियाँ खत्म हो गईं। उसे सिकन्दराबाद जाना था। मैं स्कूल जा रही थी तो देखा, खाकी वर्दी में दोय्याल के सिर पर सामान लादे तोप चली जा रही थी। वर्षों तक तोप का कोई पता नहीं लगा। इस बीच बड़ी भाभी के पैर में कील चुभी। गैंग्रीन ने उनके प्राण ले लिए। मँझली भाभी के खानदान का तीन पीढ़ियों का पागलपन उन्हें भी बरेली के पागलखाने में खींच ले गया। छोटी भाभी को काले साँप ने काट खाया। प्राण तो नहीं गए, पर साल में छः महीने उनकी टाँग मुद्‌गर-सी सूजी रहती और वह यन्त्रणा से चीख-चीखकर छटपटा उठतीं। लोहे के जंगले पकड़कर खिड़की से मैं तोप के टूटे मकान को देखती। मेरी आँखें भर आतीं। न हँसने-हँसानेवाली तीन भाभियाँ ही रह गई थीं, न बारूद के गोले उगलनेवाली तोप! मायके की देहरी से ऐसी वितृष्णा शायद ही किसी लड़की को हुई हो!

मेरे पति की नौकरी दौरे की थी। प्रायः ही वह लम्बे दौरे पर गर्भ्या और मुनश्यारी की बीहड़ घाटियों में उतर जाते और मैं अकेली रह जाती। बच्चे बोर्डिंग में थे, इसी से मैं भी इधर-उधर घूम आती। मुक्तेश्वर मुझे बेहद पसन्द है। साफ-सुथरे बंगले, पहाड़ के वक्ष को चीरती-फाड़ती, नक्शे में बनी नदियों की क्षीण रेखा-सी पतली मोटर की सड़कें, पहाड़ी लोकगीतों की मिठास से मीठी बयार में मधु घोलनेवाले, सड़क साफ करते पहाड़ी गैंग कुलियों का कंठस्वर, छोटी-छोटी दुकानों में काठ के काले ठेकों में छलकता पीला रायता और पीली में तप्त कांचनवर्णी हल्दी से पीताभ बने जम्बू छौंके आलू। मैं प्रायः

ही बहन से मिलने मुक्तेश्वर चली जाती। उस दिन भी मैं मुक्तेश्वर ही जा रही थी। श्रावण का महीना था। लहँगा-दुपट्टा पहने, थाल-से चन्द्रबिम्ब को नथ से सँवार, सुन्दरी शाहनियों का झुंड का झुंड जल चढ़ाने महादेव की गुफा की ओर जा रहा था। कहीं से पार्थिवपूजन के रुद्रों के श्लोकों की मधुर आवृत्ति का स्वर हवा में तैरता आया, तो मेरे पास ही बैठे एक बुजुर्ग शायद उस नये जोड़े को, जो अपने निर्लज्ज प्रेम-प्रदर्शन से उनकी बूढ़ी मज्जा जलाए जा रहा था, सुना-सुनाकर कहने लगे—"कुछ भी कहो भाई, मर्यादा तो अपने कुमायूँ में है; बस, और कहीं नहीं! श्रावण का पहला सोमवार और अहाहा, भोले, तेरी महिमा कि हर पहाड़ से रुद्री के श्लोक गूँज रहे हैं! पहाड़ की सड़कों पर देखो, कहीं गन्दे विज्ञापन नहीं। लिखा भी है, तो 'चाय छोड़ो', 'शराब छोड़ो'। अब बाहर देश में चले जाओ। मेरे यार, तो कहीं दीवारों पर लिखा है क्या? गन्दी बीमारियों का इलाज! छिः! थू!" बड़ी घृणा से उन्होंने बाहर थूका। दिशा-ज्ञान ठीक नहीं बैठा और उनके उड़ते थूक के पवित्र छीटों ने नये जोड़े के दोनों चेहरों को रँग दिया। फिर तो वह रंग जमा कि बस! जोड़ा पंजाबी था, बुरी तरह पंडितजी के पीछे पड़ गया।

उधर, बाहर गरज के साथ छींटे पड़ने लगे थे। पिछली तीन रातों से पानी बरस रहा था। बस के भीतर चल रहे गृहयुद्ध के नाटक की यवनिका को प्रकृति ने अचानक गिरा दिया। एक पहाड़ का वाम अंग भरभराकर गिर गया। ड्राइवर ने हथियार डाल दिए। अब वह न आगे जा सकता था, न पीछे। यात्रियों के सम्मुख उसी ने प्रस्ताव रखा—"मेरे भरोसे सामान छोड़ सकें, तो आप लोग आराम से भुवाली जाकर रात बिता लीजिए। कल तक शायद कोई इन्तज़ाम हो जाए।"

सब यात्री एक-एक कर हाथ में झोला लिए उतर पड़े। पहाड़ी ड्राइवर के ईमान को प्रहरी बनाकर सामान छोड़ने में किसी को आपत्ति नहीं थी। मैं भी अपना बैग लेकर उतर गई। पानी बरस रहा था, पर मैंने साथ में बरसाती रख ली थी, उसी को ओढ़कर मैं तेजी से भुवाली की एक परिचित पगडंडी की ओर मुड़ गई। मेरी एक विधवा भतीजी भुवाली के स्कूल की प्रधानाध्यापिका थी। सोचा, वहीं एक-दो दिन बिताकर नैनीताल लौट जाऊँगी।

सैनेटोरियम का गेट दिखते ही पैर ठिठक गए। कितनी ही पुरातन स्मृतियों का कलश छलक उठा। गेट से लगे रेस्ट-हाउस की कुर्सी पर बैठी बालसखी कुसुमी का पीला चेहरा, फिर बड़े ताऊजी उसी कुर्सी पर बैठे डाँडी कुलियों

की प्रतीक्षा में टुकर-टुकर कभी मुझे देखते हैं, कभी दद्दा को। कनछोपी ऊन की टोपी में उनका गोरा चेहरा किसी गोरे अंग्रेज सिपाही का-सा लग रहा है। आँखें बार-बार भरी आ रही हैं। जानते हैं, एक बार सैनेटोरियम की उस ऊँची चढ़ाई को चढ़कर बिरले ही रोगी उसका उतार उतरते हैं। कुसुमी भी नहीं उतरी। बड़े ताऊजी को तो गैलपिंग टी.बी. था—तीसरे ही दिन वह जीवन का सबसे सुखद उतार उतर गया।

आज भी वह छोटा-सा हवादार कमरा, मोटर की सड़क से लगा वैसे ही खड़ा है। मृत्यु-पथ के न जाने कितने यात्रियों ने इसी कुरसी पर क्षण-भर को विश्राम किया है। सामने जंगलात का एक छोटा-सा नया प्रतीक्षालय बन गया है। सैनेटोरियम को जानेवाला पथ अब मरीजों के लिए मैत्री का आह्वान लिए प्रशस्त बाँहें फैलाए खड़ा है। पहली सँकरी-सी पगडंडी कहीं खो गई है। उसी प्रशस्त पथ से सरसराती एक जीप तेजी से फिसलती मेरे पास आकर अचानक रुक गई। सिर पर बैंजनी चटक स्कार्फ बाँधे, लाल कसी जीन और काले कार्डिगन में दो हाथों में फलों और अंडों से लदी-फदी एक महिला उतरकर ड्राइवर को कुछ आदेश देने लगी—"साहब को हमारा सलाम बोलना... बहुत-बहुत। कहना, तीनों मरीजों का स्प्यूटम हम कल भेजेंगे।" जीप दनदनाती वापस चली गई।

महिला ने शायद अब तक मुझे नहीं देखा था। हाथ में बैग लिए मुझे पेड़ के नीचे खड़ी देखा, तो लपक आई—"किसी का बंगला ढूँढ़ रही हैं क्या? कैन आई हेल्प यू?" वह मुस्कराई और फिर हाँफने लगी। साँसों के उतार-चढ़ाव के साथ-साथ कभी उसकी दाहिनी छाती तराजू के पलड़ों की भाँति ऊपर उठ रही थी, कभी बाईं।

स्पष्ट था कि उसने मुझे नहीं पहचाना। पहचानती भी कैसे? सन् 43 में फ्रॉक पहननेवाली जिस लड़की को तोप ने देखा था, अब उसकी लड़कियों ने भी फ्रॉक पहनना छोड़ दिया था; पर तोप जरा भी नहीं बदली थी। वही गोल-गोल मांसल ठुड्डियाँ विभिन्न सरिताओं की जलधारा की भाँति उसके असीम वक्षोदधि में मिलकर एकाकार हो गई थीं। सजने का शौक, शायद बढ़ती उम्र के साथ-साथ और बढ़ गया था। गले में नकली मोतियों की माला थी। होंठों पर गहरी लिपस्टिक थी। छाती अब भी तोप से तीन कदम पहले चल रही थी। सेंट की तीव्र सुगंध क्षण-भर में बीहड़ पंथ को महका उठी। तभी तो छोटी भाभी कहती थीं—'यह तोप तो अंग्रेजी साबुन की बट्टी-सी

महकती है!"

"किस बंगले को ढूँढ़ रही हो, हनी?" उसने दोनों टोकरियाँ नीचे रख दीं और नन्हें रूमाल से पसीना पोंछते-पोंछते फिर पूछा।

मैं जोर से हँस पड़ी—"पहचाना नहीं, तोप? देखो, मैं कौन हूँ?"

बस, फिर तो तोप बमगोले बरसाने लगी—"ओह माई गॉड, तू यहाँ! इतनी बड़ी-सी! शादी भी हो गई! क्या कहती है, लड़कियाँ एम.ए. में हैं? हे मेरी माँ मरियम, क्या जमाना इतना गुजर गया?...कहाँ हैं?...के कितने बच्चे हैं? क्या कहती है, बड़ी के लड़के सुरिया के दो बच्चे हैं? लो, सब ही ने घोंसले बना लिए, एक मैं ही हरामजादी तोप की तोप रह गई! इतना कमाती हूँ बच्ची, पर कहते हैं ना कि हिजड़े की कमाई मूँछ मुँड़ाने में जाती है, एक पैसा भी क्या बच पाया है! चल-चल, अब भतीजी-फतीजी के यहाँ नहीं जाने दूँगी मैं! मेरे बंगले में चलना होगा।"

वह अपने अनर्गल प्रश्नों की गोलाबारी से मुझे छेदती अपने बंगले में खींच ले गई।

सात लम्बे-लम्बे बाँज के वृक्षों से घिरा उसका बंगला 'सेवन ओक्स' चारों ओर से सेब के पेड़ों की आड़ से भी घिरा था। नीले, ऊदे, पीले पहाड़ी फूलों की लम्बी कतार की कतार गोलाई से पूरे बंगले की परिक्रमा-सी कर रही थी। द्वार पर दो बड़े-बड़े लाल-काले रंगे पीपों में टाइगर लिली झूम रही थी।

फौज से छुट्टी पाकर तोप वहीं बस गई थी। "यही रेस्ट-हाउस है मेरा।" उसने अपने सुन्दर बंगले को गर्व से देखकर कहा, "जिन मरीजों को सैनेटोरियम से छुट्टी मिल जाती है, वे ही यहाँ आते हैं। कभी-कभी बीमार मरीज भी निगोड़े गिड़गिड़ाने लगते हैं, तो उन्हें भी ले लेती हूँ। हर मरीज से पूरे सीजन की फीस है मेरी एक हजार। खाना-पीना, फल, दूध, अंडा, धोबी, सब उसी में। इतना सस्ता है, इसी से भेड़-बकरियों का-सा एक झुंड जुट जाता है। पर मेरे यहाँ दो सख्त पाबन्दियाँ हैं। एक..." उसने अपनी मोटी अँगुली दूसरी फैली हथेली पर चट से मारी—"औरत मरीज़, एकदम नो। नम्बर दो, किराया पेशगी। कहीं मरीज बीच में ही चल बसा, तो खतम मामला! पर एक-आध मरीज को चैरिटी से भी लेती हूँ मैं। आजकल एक है बेचारा, एम.एस-सी. में फर्स्ट क्लास फर्स्ट, रिसर्च कर रहा था कि यह रोग लग गया। सैनेटोरियम के लिए पैसा नहीं था, तो हम बोला—'कोई बात नहीं बाबा, इधर चला आओ'। सैनेटोरियम के पास दिल नहीं, तोप के पास बहुत बड़ा दिल

है।"

ठीक ही कहा था तोप ने, दिल उसका बहुत बड़ा था; पर केवल पुरुषों के लिए। मुझसे उसने अपने चारों मरीजों का परिचय कराया, तो मैं दंग रह गई। कौन कहेगा, ये बीमार हैं। लाल सुर्ख चेहरे, भरे-भरे हाथ-पैर और मस्तानी चाल!

"इनको तुमने पिछले साल देखा होता तो...अब क्या कहूँ! बेटा, हरदीप, अपना ग्रुप फोटो तो ले आओ जरा!"

तोप बड़े उत्साह से दीवान पर बैठ गई और मुझे भी खींचकर बिठा दिया।

तिकोने चेहरे, तिकोनी आँखों और तिकोने जूड़ेवाला सरदार हरदीप सिंह, जो लम्बी दौड़ों में संसार-भर के रिकॉर्ड तोड़ने के चक्कर में यह सांघातिक रोग पाल बैठा था, मिनटों में अपनी लम्बी टाँगें चलाता, एक रंग उड़ी-सी तसवीर ले आया। चार डाँडियों में सचमुच ही चारों के चेहरे ऐसे लग रहे थे, जैसे अर्थी में बँधे मुर्दे हों। "देखा न!" हो-हो कर तोप हँसी। "डॉक्टर खजान ने इन्हें दुनिया में सिर्फ चार महीने रहने की इजाजत दी थी, पर तोप ने इन्हें पूरी ज़िन्दगी इनाम में दी है। दवा जानती हो, क्या? बकरी का दूध और सेब का रस, ट्रा ला ला ला ट्रा ला ला!" तोप अपनी मोटी कमर को दोनों हाथों से पकड़ ढोलक-सा बजाने लगी। चारों मरीजों के चेहरों और शरीर पर कहीं रोग का चिन्हमात्र भी नहीं था।

लम्बी टाँगोंवाला हरदीप, सांस्कृतिक दल में रूसवासियों को अपने मनोहारी कत्थक से मोहनेवाला; पतली कमर, छरहरे शरीर का धनी मगनदास छगनदास पटेल; चौरस काठी का राधेश्याम माहेश्वरी, जिसे तोप 'मिजेट' कहकर पुकार रही थी। जिसने मेरा ध्यान विशेष रूप से आकर्षित किया था, वह था राजेन्द्रसिंह। चारों मरीजों में वही सबसे चुपचाप था और उसके शालीन व्यवहार को देखकर मैं मन ही मन समझ गई कि वही तोप की चैरिटी का दीन याचक था। तीनों मरीज मेंढक की भाँति फुदकते तोप की टोकरी में खुदुर-बुदुर करते कभी सेब निकालकर भकोस रहे थे, कभी स्ट्राबेरी के लिए तीनों छीनाझपटी कर रहे थे।

"ममी, तुम आज फिर ठगी गईं! निहायत खट्टा सेब है!" तोप का मिजेट दो बड़े-बड़े सेब ले, उचककर खिड़की पर चढ़कर खाने लगा था। "क्या भाव लाई हो, ममी?"

"नो, मिजेट, तुमको भाव से क्या? चुपचाप खाओ!" तोप ने उसे झिड़क

दिया, तो वह खिलौने के क्यूपिड की मुद्रा में दोनों हाथ गाल पर धरकर रुआँसा हो गया।

"बनिया है ना, ममी, कल बकरी से भी उसके दूध का भाव पूछ रहा था।"

सरदार की रसिकता पर तोप हँसती-हँसती पूरा दीवान हिला उठी। "ओ सरदारा, तू किसी दिन हँसाते-हँसाते मेरी जान ले लेगा!" तोप मुझसे कहने लगी—"हमारे सरदार से कभी सरदारों के चुटकुले सुनो। जो मजा सरदार से सरदार के चुटकुले सुनने में आता है, वह और कहीं नहीं...क्यों, है ना राजेन्द्र?"

"हूँ।" कहकर राजेन्द्र अपना मोटा चश्मा निकालकर पोंछने लगा।

तोप का प्रतिभाशाली वैज्ञानिक वास्तव में सुदर्शन था। चश्मे को उतारते ही वह नितान्त भोला किशोर लग रहा था। सेब के रस और बकरी के दूध की महिमा से उसका चेहरा भी रँगा था, पर लड़का स्वभाव से ही कुछ उदासीन प्रकृति का लग रहा था।

"बड़ा शर्मीला है हमारा राजेन्द्र!" तोप कहने लगी—"भगवान ने चाहा, तो किसी दिन फिजिक्स का नोबल प्राइज लेगा..."

मैं दो दिन तोप के साथ रही और उसके सर्वथा मौलिक सैनेटोरियम के सरल वातावरण को देखकर मुग्ध हो गई। अपने मरीजों पर वह प्राण देती थी। बंगला ऐसा साफ-सुथरा रखती थी कि फर्श में चेहरा देख लो। एक आया थी, दो बैरे। खाने के कमरे की सजावट और बैरों की बुर्राक वर्दी देखकर समय के पूर्व ही भूख लग आती थी। सन्तुलित भोजन को घड़ी के काँटे के साथ वह स्वयं अपने हाथों से परोसती। "हरदीप, अंडा क्यों छोड़ दिया? मिजेट, माहेश्वरी, तुमको चुकन्दर खाना ही होगा। एंड यू, पटेल, तुम फिर प्लेट पर काँटे-चम्मच से जलतरंग बजाने लगा।"

संगीत-प्रेमी पटेल बीच-बीच में सांस्कृतिक दल के अपने प्रवासकालीन जीवन की स्मृतियों में बुरी तरह उलझ जाता। खाना छोड़ वह सचमुच काँटे-चम्मच से जलतरंग बजाने लगा था।

"ओह, सॉरी मम्मी, वेरी सॉरी!" वह घपर-घपर पूरा मुर्गा चिंचोड़ने लगता।

"एंड यू, माई एंजिल, तुमको क्या अपनी यूनिवर्सिटी याद आ रही है? इसको तो अपने हाथ से खिलाना पड़ता है।" तोप अपने लाड़ले वैज्ञानिक की कुरसी के पास जाकर जम जाती।

मैं चलने लगी तो तोप के चारों मरीज़ मुझे छोड़ने बस-स्टैंड तक आए।

उन सबको साथ लेकर नैनीताल आने का निमन्त्रण भी मैंने दिया, पर तोप नहीं आई।

उसी वर्ष मेरे पति की बदली आगरा हो गई। सात-आठ महीने बाद एक बड़ा प्यारा-सा क्रिसमस कार्ड आया, तो मैंने आश्चर्य से खोला। बड़े दिन के अवसर पर मुझे याद करनेवाली तो एक ही थी। कार्ड तोप ही का था। बर्फ में फिसलती बर्फ-गाड़ी को खींचते हिरनों का एक प्यारा-सा जोड़ा था, नीचे लिखा था—'शुभ कामनाओंसहित, तोप और राजेन्द्र।'

मेरा माथा ठनका, राजेन्द्र ही क्यों? हरदीप, मिजेट और पटेल कहाँ गए।

हो सकता है, तीनों रोग-मुक्त होकर अपने-अपने घर चले गए हों और राजेन्द्र अभी स्वास्थ्य-सुधार के लिए रुक गया हो! पर आठवें दिन एक तार आया—'आगरा का ताज देखने हम आ रहे हैं।' फिर वही तोप और राजेन्द्र!

बात कुछ बनी नहीं। पूर्णिमा के दिन ताज देखने राजेन्द्र के साथ तोप! पर हो सकता है, मन बहलाने ले आई हो। दिसम्बर में क्या भुवाली मनुष्य के रहने लायक रह जाती है? फिर तोप अपने मरीजों का कितना ध्यान रखती थी! यह ठीक था कि न उन्हें दवा पिलाई जाती थी, न बुखार नापा जाता था, पर उनकी प्रत्येक सुविधा-असुविधा को वह डायरी में नोट कर रखती थी। यही नहीं, प्रत्येक रविवार को वह अपने कुछ मनचले मरीजों के लिए गर्लफ्रेंड भी बटोर लाती थी। उसकी भतीजी पद्मावती रॉबर्ट वहीं अध्यापिका थी। इतवार के दिन वह अपनी एक-दो सहेलियों को ले आती थी। 'एंड माई बॉयज़ हैव ए गुड टाइम,'—वह कहती। जो अपने मरीजों का इतना ध्यान रखती थी, वह उनमें से एक-आध को ताज दिखाने ले भी आए तो क्या दोष था! फिर तोप मेरी बचपन की स्मृतियों का स्मारक-स्तम्भ थी। मैं स्वयं ही कार लेकर स्टेशन पहुँच गई।

ट्रेन से तोप राजेन्द्र के साथ उतरी और मेरे गले के नीचे एक कड़वी घूँट उतर गई। यह तो चार मरीजों को जीवन-सुधा पिलानेवाली तोप नहीं थी। यह वही पुरानी तोप थी जिसके नाम का गोदना गुदाए अभी न जाने कितने गोरे सिपाही विदेश की कब्रों में बेचैन करवटें ले रहे होंगे। होंठों पर तेज लिपस्टिक थी, गले में नकली मोतियों की माला, कानों में झलमलाते बुन्दे और चटख शोख रंग की लाल साड़ी। साथ में राजेन्द्र था—वही स्वास्थ्य से दीप्त कैशोर्य की मरीचिका, निकट से देखने पर उदास पीला चेहरा और निष्प्रभ आँखें। रोग ने शरीर को छोड़, फेफड़ों का कक्ष रिक्त कर उन उदास आँखों में शायद डेरा

डाल दिया था।

तोप ने अपने स्वभावानुसार मेरे दोनों गालों को अपने ईसाई-प्रेम का प्रदर्शन कर, चटाख-चटाख शब्दों से चूमा और बोली, "अपने शाहजहाँ को आगरा का ताज दिखाकर हनीमून इनऑगरेट करेगा, है ना डार्लिंग?" वह राजेन्द्र का हाथ पकड़कर बोली।

मुझे काटो तो खून नहीं।

कहाँ पचास वर्ष की अधेड़ तोप, कहाँ अपने यौवन के हीरे-सा देखनेवालों की आँखें चौंधियाता वह सुदर्शन युवक! क्षण-भर को मुझे अपने मर्यादाशील परिवार का ध्यान आ गया। ईश्वर की दया से पति किसी काम से दिल्ली गये थे। पर बच्चे? सयानी लड़कियाँ थीं, क्या कहेंगी, ममी की दोस्त भी कैसी हैं! हुआ भी ऐसा ही। घर पहुँचते ही मेरी लड़कियाँ मुझे एकान्त में खींच ले गईं— "छिः-छिः ममी, सब नौकर भी हँस रहे हैं! कितना हैंडसम है, एकदम रॉक हडसन्! और वह खूसट बुढ़िया, समझ क्या रही है अपने को!"

मैं उन्हें कैसे समझाती, पचीस वर्ष पूर्व तोप अपने को जिंजर रोजर्स समझती थी और आज भी वह अपने को लिज़ टेलर से कम नहीं समझ रही होगी!

ठीक कहती थीं छोटी भाभी, होली का अदृश्य अबीर-गुलाल वह प्राणों में भरकर लाई थी। कभी लाल, कभी पीली और कभी हरी साड़ियों में गिरगिट का-सा रंग बदलती वह नये पति के साथ दिन-रात घूमती रही। मैंने भी उनके आतिथ्य में त्रुटि नहीं रहने दी, पर राजेन्द्र खाने की मेज पर अभी भी सहमा रहता। समोसा उठाता, तो तोप दगने लगती, "नो डार्लिंग, नो समोसा! तली-भुनी चीजों का परहेज करना होगा। अभी पेचिश से उठे हो, चाय लोगे? मस्ट यू? न हो तो एक प्याला दूध पी लो, चाय तुम्हें ऐग्री नहीं करती।"

तोप के युवा वैज्ञानिक पति की स्वाभाविक भूख की अस्वाभाविक मृत्यु पर मुझे बेहद अफसोस होता, पर मैं चुप रह जाती। तीन दिन का फलाहार करा, बेला-कुबेला ताज दिखा, तोप ने अपने शाहजहाँ को अधमरा कर दिया। चौथे दिन वह विचित्र जोड़ी चली गई।

धन्यवाद का एक पत्र लिखकर तोप ने फिर सोंठ खींच ली। एक वर्ष तक मुझे उसका कोई समाचार नहीं मिला।

दूसरे वर्ष मैं बहन की लड़की की शादी से लौट रही थी। लखनऊ के रिटायरिंग रूम में एक रात काटनी थी। स्टेशनमास्टर ने कहा, "यहाँ तो बड़ी

हैवी बुकिंग रहती है, वैसे एक कमरे में एक पलँग खाली है। यदि आपको कोई आपत्ति न हो, तो रह सकती हैं।"

मैं इतनी थकी कि कमरे के दूसरे पलँग पर कौन है, स्त्री या पुरुष, मेरे ध्यान में नहीं ही आया।

कमरे में पहुँची, तो धीमी रोशनी जल रही थी, कमरा बहुत बड़ा और हवादार था। आसपास दो पलँग थे। एक पर सिर से पैर तक चादर ओढ़े कोई खर्राटे ले रहा था। शरीर के आकार से वह निःसन्देह पुरुष ही था। पोस्टमार्टम के लिए आई लाश की भाँति उसका पेट रामढोल-सा बीच में बेहद फूला-फूला लग रहा था। एक अपरिचित पुरुष के साथ एक ही कमरे में अगल-बगल सोने में मेरा सनातनी हिन्दू संस्कारी चित्त बुरी तरह झिझक उठा। क्या करूँ, पैसे भी तो भर दिए थे! पर छिः, इस कमरे में तो मुझसे नहीं सोया जाएगा। इससे तो वेटिंग रूम का आराम केदारा ही भला। मैं जाने ही को थी कि एक इंजन गरज उठा।

पास के पलँग पर अपरिचित पुरुष हड़बड़ाकर उठ बैठा।

मैंने देखा, वह अपरिचित पुरुष नहीं, चिरपरिचित तोप थी।

"ओ माई! हाय मेरे मसी, तेरा सितारा बुलन्द हो! जिसे जहाँ चाहा, मिला दिया। किसने सोचा था कि ऐसे मिलेंगे!"

"तुम क्या बीमार थीं, तोप? कितना बदल गई हो!" मैंने पूछा।

बिना मेकअप के तोप फीकी-फीकी ही नहीं, बेहद झटकी लग रही थी।

"तोप और बीमार!" वह हँसी—"वह तो थोड़ा स्ट्रेन पड़ा है डार्लिंग! हरिद्वार से लौटी हूँ ना, हरिद्वार से!"

मैं चौंकी। नित्य इतवार को गिरजा जानेवाली, दिन में अस्सी बार चटाख-चटाख बाइबल को चूमनेवाली तोप हरिद्वार कैसे गई?

"राजेन्द्र के फूल चढ़ाने गई थी हम!" वह एक लम्बी साँस लेकर बोली, "तुमको क्या लिखती, इधर बहुत जिद्दी हो गया था। परहेज जरा भी नहीं करता था। न बकरी का दूध, न सेब का रस। बस, दिन-भर चाट और हिन्दी सिनेमा! हमने कितना समझाया, देखना है तो अंग्रेजी पिक्चर देखो; पर नहीं, वही सस्ता इक्साइटमेन्ट उसे ले गया। एक-एक दिन का तीन-तीन शो!"

तोप के अनुशासन की लगामों से कसा घोड़ा आखिर बिदक ही गया!

"दो दिन बीमार रहा, बस। अब देखो, हरदीप, मिजेट और पटेल, तीनों के फेफड़ों में भूसा भरा था, वह हमारा ऑर्डर माना, तो ठीक होकर

अपना-अपना घर गया। यह जिद्दी मरने से पहले बोला, 'हमारा फूल लेकर हरिद्वार में बहाना!' एक बार सोचा, अपने ग्रेवयार्ड में खूबसूरत-सी संगमरमर की कब्र बनवा देंगे, पर उसकी मर्जी के खिलाफ उसकी आत्मा को रोकती भी तो कब्र से निकलकर वह हरिद्वार ही भागती।"

उसका गला भर आया। वह चश्मा उतारकर आँख पोंछने लगी। डेंचर उतारकर उसने मेज पर धर दिया था। धीमी रोशनी में बहुत बूढ़ी लग रही थी।

मुझे तरस आ गया—"चलो तोप, तुम मेरे साथ चलो। बच्चों में जी बहल जाएगा।" मैंने कहा।

"थैंक्यू डार्लिंग, पर मैं अकेली कहाँ हूँ! खुदा बाप क्या मुझे अकेली रहने देता? एक गरीब मरीज उसने फिर भेज दिया है...फिर चैरिटी! टी.बी. नहीं है, प्लूरिसी थी। अब बिलकुल ठीक है। बड़ा होनहार लड़का है सैम्युअल, मेडिकल कॉलेज में आखिरी साल है। इस साल आराम करेगा। अगले साल जाएगा। ईसू ने चाहा तो कभी सर्जरी में नोबल प्राइज लेगा। उसी को घर सौंप आई हूँ। फिर मिलेंगे हनी!" वह सुबह सामान बटोरकर चली गई।

जब तक आगरा रही, हर तार को डर-डरकर खोलती। क्या पता तोप फिर ताज देखने आ जाए; पर तोप नहीं आई। अचानक फिर क्रिसमस के दिन एक प्यारा-सा कार्ड आया। अब के तार के खम्भे पर चोंच से चोंच मिलाए कबूतरों का एक जोड़ा था। 'शुभकामनाओं के साथ—तोप और सैम्युअल'—अवश्य यह वही अधूरा डॉक्टर होगा। पिछली बार देश का दुर्भाग्य था कि एक होनहार वैज्ञानिक नहीं रहा और अब यह डॉक्टर! पर इस बार यदि तोप के नये जीवनसाथी ने उससे पहले संसार छोड़ने की धृष्टता की, तो पहले वैज्ञानिक की भाँति वह तोप को छल नहीं पाएगा। संगमरमर की फूलों से ढकी कब्र के नीचे दबी उसकी जिद्दी आत्मा को तोप हरिद्वार की ओर भागने नहीं देगी। कहीं भाग भी गई, तो उसका प्यारा खुदा बाप क्या उसे कभी अकेली रहने देगा!

मधुयामिनी

पूरे शहर में विवाह-लग्नों की बाढ़-सी आ गई थी। इस वर्ष भाद्रमास में देवगुरु सिंहस्थ हो जाने से दो जून का विवाह-लग्न ही अन्तिम लग्न है, ऐसी ही कुछ घोषणा कर कूर्मांचल के गण्यमान्य पंडितों ने कन्यादायग्रस्त पिताओं की नींद हराम कर दी थी।

परम्परा से कूर्मांचल में सिंहस्थ गुरु लग्नादि के लिए वर्जित रहा है, फिर 'पुत्र भ्रातृ कलत्राणि हन्याच्छीघ्रं न संशयः' सुनकर अधिकांश धर्मपरायण सरल कुमायूँवासियों को जैसे साँप सूँघ गया था। एक तो वैसे ही महँगाई ने सबका जीना दूभर कर दिया था, उस पर विवाह की इस महामारी ने तो देखते ही देखते एक से एक समृद्ध परिवार को मिट्टी में मिला दिया। लग रहा था कि सन् अठारहवाली इंफ्लुएंजा महामारी फिर से फैल गई है, जिसने कभी नैनीताल की आधी जनसंख्या को चुटकियों में साफ कर धुन दिया था। गेहूँ के गगनचुम्बी भाव का यह हाल था कि एक क्विंटल गेहूँ गृह तक पहुँचाने के पश्चात् हृष्ट-पुष्ट गृहस्वामी की वयस के भी चार वर्ष अनायास ही घटकर रह जा रहे थे। अनाज, विवाह के मुकुट, बन्ना-घोड़ी, गानेवाली पेशेवर गवनारियों की फीस, सबमें आश्चर्यजनक रूप की तेजी का मूल कारण पंडितों द्वारा उद्घोषित यह नवीन विवाह-बजट ही था, इसमें कोई सन्देह नहीं। बैंडवालों का तो पूछना ही क्या था, फटे-से रामढोल की एक थाप ही औसत अठन्नी में पड़ रही थी। वह तो भगवान ही की कृपा थी कि दाम-दमामे और तूरी-नगाड़े का चलन पहाड़ के शादी-ब्याह से स्वयं ही बड़ी समझदारी से उठ गया था, फिर भी हलवाई का एक-एक कड़ाह किसी प्रसिद्ध वेश्या के मुजरे से भी महँगा पड़ने लगा था। जितने में पहले सोहनहलवे की एक बट्टी आती थी उतने में तो निगोड़ा एक बताशा तुल रहा था। यहाँ तक कि एक सड़ियल-सी

पचन्नी की फूलमाला भी सवा रुपये में बिकने लगी थी। शहर के कई मध्यवर्गीय मुर्दे बिना फूलमालाओं के ही सूनी गरदन लिए बड़ी विवशता से महा-प्रथान के पथ पर चले जा रहे थे। बेचारे करते भी क्या, यहाँ नौशों ही की गरदन के लिए माला अप्राप्य हो उठी थी, उन्हें कौन पूछता! फिर भी कितनी ही महँगाई हो और कितना ही अभावग्रस्त जीवन; जन्म, विवाह, मरण भला कभी रोके रुकते हैं।

लगता था, पूरा शहर ही विषम विवाह-ज्वर से ग्रस्त हो गया है। दायें-बायें, जहाँ से देखो, वहीं से टेढ़ा-बाँका, मोटा-ठिंगना, काला-गोरा, एक न एक नौशा सेहरा बाँधे मस्ती से झूमता चला आ रहा था। स्वयं परमपुरुष ही शायद भरतार बन पूरे शहर को इस विवाह-महोत्सव में आकंठ डुबो रहा था कि अचानक पूरे शहर में खलबली मच गई। खलबली मचने जैसी बात भी थी—एक तो वैसे ही दुकानदार परिस्थितियों का लाभ उठाकर उपभोक्ता-वर्ग को पीसे दे रहा था, उस पर एक सर्वथा अपरिचित ऐसे प्रवासी परिवार ने उस कोठी को मुँहमाँगे दाम पर अपनी कन्या के विवाह के लिए ले लिया, जिसकी शहर से दूरी, पानी का अभाव, सर्वोपरि ऊँचा किराया देख आज तक किसी को उसे लेने की हिम्मत नहीं पड़ी थी। एक बार एक विदेशी दूतावास के कुछ उच्चपदस्थ अधिकारी आकर कुछ दिनों तक कोठी गुलजार कर गए थे, तब से वह खाली ही पड़ी थी। वैसे तो सीजन आने पर नैनीताल में यदि चार बाँसों की टटरी पर भी छप्पर डाल दिया जाए, तो वह भी बड़ी आसानी से अच्छे किराये पर उठ सकती है, पर इस कोठी की तो शान ही निराली थी। उस पर समृद्ध मकान-मालिक की अन्य चार पहाड़ों पर बिखरी दस कोठियाँ थीं, जो उनके लिए सरकारी दफ्तरों का आवास बनीं दिन-रात सोना उगलती थीं। शायद इसी से उन्हें इसकी कोई चिन्ता भी नहीं थी, किराये पर उठे या न उठे। मैंने एक बार उनसे कहा भी था, "थोड़ा किराया कम कर छोटी-सी पानी की टंकी लगवा दीजिए, फिर देखते ही देखते किराये पर लग जाएगी। अब बड़ी-बड़ी कोठियों का मार्केट नहीं रहा। अब तो लोग फ्लैटनुमा चीज ही पसन्द करते हैं, जिसको न तो सजाना कठिन होता है, न साफ रखना..."

"हाथी का भी तो अब मार्केट नहीं रहा, पर क्या वह अब भी खच्चर के भाव बिक सकता है?" कहकर वह अपनी बर्मी सिगार फूँकने लगे थे। मैंने फिर कुछ नहीं कहा। इतना मैं जानती थी कि न चतुर शाहजी किराया कम करेंगे, न कोई इस हाथी को खरीदेगा; पर मेरी धारणा निर्मूल निकली।

एक दिन सुबह उठी, तो देखा, तीन-चार नौकर एकसाथ सूखी क्यारियों को तर कर रहे हैं, कहीं झाड़फानूसों की धूल झाड़ी जा रही है और कहीं मोटे धूल-भरे गलीचे-कालीनों को निर्ममता से पीटा जा रहा है।

"तुम कितना किराया कम करने को कह रही थीं," शाहजी ने बड़े गर्व से घोषणा की—"हमने कुछ और बढ़ा दिया, फिर भी पूरे सीजन का किराया भर, केवल आठ दिन रह यह प्रवासी परिवार कन्यादान करते ही फूलपुर से उड़ जाएगा।"

मेरे बंगले से इस कोठी का फासला कठिनता से तीन गज का था और अपने बरामदे में पन्द्रह मिनट तक खड़ी होने के साथ ही मैंने इस प्रवासी परिवार की आर्थिक स्थिति को भाँप लिया। परिवार सीमित था और गृह-सदस्यों से अधिक संख्या अभारतीय दास-दासियों की थी। किसी भी गृह का भेदी विभीषण या तो गृह का भृत्य होता है, या बालक। पर बालक तो इस परिवार में थे ही नहीं, और नौकरों की भाषा तो दूर, निर्विकार चेहरों की एक-एक रेखा किसी दुरूह पहेली से कम नहीं थी। उन चीनी-मंगोल चेहरों पर विलासी जीवन की अमिट छाप ही बस पल्ले पड़ती थी। छोटे-मोटे दुम्बे-से ठिगने कद के बातिक की छपी लुंगी पहने कई नौकर भोर होते ही जलपान के आयोजन की भूमिका रचने में जुट जाते। कहीं बड़े-से हंडे में अंडे उबाले जा रहे हैं। एक विचित्र आकार की विराट् शिला पर मसाले पीसे जा रहे हैं। दो-तीन मोटी-मोटी दासियाँ लुढ़कती-पुढ़कती, पर फड़फड़ाती पलायनशीला 'टर्की' का पीछा करती खेतों की सीढ़ियाँ फाँद रही हैं। उधर मादक मसालों की खुशबू; जिबह होते बकरे की मिमियाहट, टर्की का करुण विलाप मुझे वर्षों पूर्व के उन रियासती अटालों के प्रांगण में खींच ले जाता, जहाँ ऐसी ही मादक खुशबू थी। टर्की के पीछे लुढ़कती ऐसी ही मोटी-मोटी कुटिल मुस्कान बिखेरती दासियाँ थीं और टर्की का ऐसा ही सुपरिचित हृदयभेदी क्रंदन था, जिसने मेरे शैशव की अबूझ चटोरी जिव्हा पर भी सदा के लिए संयम का ताला डाल दिया था। चेष्टा करने पर भी आज तक टर्की का बहुचर्चित स्वादिष्ट गोश्त जीभ पर नहीं धर सकी। आज भी मुझे यही लगने लगा कि जैसे महाराज ओरछा का गोवानीज खानसामा ही अपनी विचित्र भाषा में बुदबुदाता टर्की की गर्दन पर छुरी फेर रहा है, और वह करुण स्वर में विलाप कर रही है। पर इस परिवार के गृहस्वामी को इस विलाप की कोई चिन्ता नहीं थी। वह शायद नित्य सुबह के नाश्ते में समूची टर्की खाते थे। बाहर ही खुबानी का

एक बड़ा-सा छायादार पेड़ था। उसी के नीचे मखमली लाल गद्दीदार कुर्सी पर वह आकर बैठते तो शरीर की पूरी चर्बी बड़े-बड़े थक्कों में नीचे लटक जाती। मैंने कई मोटे व्यक्ति देखे हैं—किसी का चेहरा मोटा होता है, किसी की गरदन, किसी के पूरे शरीर का मांस उदरार्णव में ही समाकर लहराता रहता है, किसी के हाथ-पाँव ही देखनेवाले को अप्रतिभ कर देते हैं, पर यह तो विचित्र मुटापा था! लगता था, शरीर के किसी भी भाग पर छुरी घुमाते ही खून का फव्वारा किसी टूटे नल की-सी फुहारें छोड़ता रक्तकुंड की सृष्टि कर देगा। पर तिवारी जी का कंठस्वर उनके चौकोर शरीर से एकदम ही बेमेल था। नन्हा-सा क्षीण कंठस्वर ऐसा था, जैसे कोई किशोर बालक कच्चे मीठे गले से टिहुक रहा हो। मेज पर नाश्ता लगते ही बड़े अधैर्य से भूखे बाघ की भाँति टूट पड़ते और पल-भर में ही टर्की का अवशेष दुम हिलाते ग्रेहाउण्ड के सामने बिखेर देते।

खा चुकने के बाद एक ताड़-सी लम्बी दासी आकर नित्य उनका मुँह धुलाती, स्वच्छ नैपकिन बढ़ाती, फिर चाँदी की तश्तरी में धरी टूथपिक की हाथीदाँत की डिबिया खोल, एक-एक कर उन्हें तीलियाँ थमाती जाती। घंटों तक तिवारीजी दाँत के एक-एक छिद्र से खोद-खोदकर टर्की के रेशे निकालते रहते। बीच-बीच में बर्मी दासी से रसिकता भी चलती रहती। दासी का चेहरा भी अनोखे नमूने का षट्कोण के आकार का था। शायद लकवे का क्रूर आघात या किसी आकस्मिक दुर्घटना का ही कुप्रभाव उसे एक करारा तमाचा मार सदा के लिए बाईं ओर घुमा गया था। पहली बार जब उसे मैंने देखा, तो लगा था, उसे शायद छींक आ रही है, पर आज भी उसे वैसी ही छींक आ रही थी। लगता था, एक लम्बी छींक नासिका-रन्ध्र के किसी बंकिम कोण में अटककर रह गई और जीवन-भर ऐसे ही अटकी रहेगी। पर एक बात थी, चेहरा बदसूरत होने पर भी उस दासी के छरहरे शरीर की गठन अनुपम थी। बीच-बीच में वह इधर-उधर देखती, अपने टारटार-से पीले दाँतों पर ठुकी सोने की कील की सर्चलाइट चमकाती हँस उठती। उन दोनों की हलकी ठिठोली की भाषा न समझने पर भी मैं उसके कटाक्ष, लास्यपूर्ण अंग-विन्यास और भ्रू-विभ्रम की भाषा खूब समझ लेती। स्पष्ट था कि दोनों का सम्बन्ध रहस्यात्मक ढंग से गहरा है और दोनों के मिलन के लिए खुबानी के उस छायादार वृक्ष की घनी छतरी अनिवार्य रूप से आवश्यक है। पर मेरे बरामदे की स्थिति और ऊँचाई का जादू कुछ बचपन में पढ़े उन बाल-उपन्यासों में वर्णित जादुई चश्मे के जादू का-सा था, जिसे लगाते ही पहननेवाले को कोई

नहीं देख सकता था, पर वह सबको देख सकता था। कहना व्यर्थ है कि तीसरे-चौथे ही दिन मुझे तिवारीजी के रसपूर्ण जीवन की कुछ ऐसी निर्लज्ज झाँकियाँ दिख गईं कि मैंने बरामदे में टहलना भी बन्द कर दिया। एक बार तो जी में आया, शाहजी से कह ही दूँ, यह भी भला क्या बेहूदगी है! बड़े आदमी हैं तिवारीजी, तो अपने घर बैठे रहें। कुलीन गृहस्थों के पड़ोस में चाहे आठ दिन रहें, चाहे अठारह, रहना उन्हें कुलीन गृहस्थ की ही मर्यादा में होगा। एक विदेशी दूतावास का फर्स्ट सेक्रेटरी भी तो आकर इसी कोठी में दो महीने रहकर गया था, मजाल कभी आँख उठाकर भी देखा हो बेचारे ने! एक रात को काकटेल पार्टी भी की, तो पहले हमसे नम्र अनुमति लेकर गया था, "आज जरा देर तक जगे रहेंगे हम लोग, आपको कोई आपत्ति तो नहीं होगी?" और एक यह हैं तिवारीजी, कौन कहेगा पहाड़ी हैं! खाद्य-अखाद्य तामसी भोजन करके इस लम्बी-तड़ंगी चुड़ैल के साथ दिन-दोपहरी नाक कटवाए फिर रहे हैं! आखिर तिवारिन क्या अफीम खाए पड़ी रहती हैं? कई बार खुफिया पुलिस की अनुसंधानी दृष्टि से मैंने तिवारिन का एक्स-रे लेने की चेष्टा की, पर वह बाहर ही नहीं निकलती थीं! न वह निकलतीं, न उनकी विवाहाकांक्षिणी कन्या! मेरी ही भाँति मेरे आसपास के बंगलों का सम्मिलित कुतूहल और विवश आक्रोश पूरे शहर में फैल गया। कोई समाज उस ओछे, दम्भी व्यक्ति को कभी क्षमा नहीं कर सकता, जो समाज में रहकर भी अपना अस्तित्व समाज से अछूता रखना चाहता है। उसकी अहं-भावना उसे एक दिन ठीक वैसे ही निगल लेती है, जैसे सर्पिणी स्वयं ही अपने जन्मे अंडे को। एक तो तिवारीजी ने अपने वैभव का चुग्गा डालकर शहर के पूरे व्यापारी-वर्ग को फाँस लिया था। सीजन आते ही नैनीताल में दूध-दही समृद्ध गृहों के बालकों और रोगियों को भी कोरेमीन के अनुपात में लगने लगता था, उस पर दो रुपये किलो के दही को चार रुपये की मुँहमाँगी बोली पर उठाकर तिवारीजी ने पूरे शहर का रेट बिगाड़ दिया था। पुलिस बैंड ही नहीं, रानीखेत के कुमाऊँ हाईलैंडर की भी एक-एक गर्दन पर इनका रिजर्वेशन स्लिप झूलने लगा था। एक तो हलवाई वैसे ही मन्त्रियों की अदा दिखाने लगे थे, उस पर तिवारीजी ने सात-सात प्रमुख हलवाइयों को बयाने की गहरी रकम खिला-पिलाकर पालतू जानवर-सा बाँधकर रख लिया था। बेला के एक सौ सत्ताईस गजरों का एकसाथ ऑर्डर हो गया था। फ्लैट के ओर-छोर सन्ध्या होते ही जो बेला-मोतिया की गमक से सुवासित हो उठते थे, अब फीके थे। कहीं एक बेला की कली भी सूँघने

को नहीं मिल रही थी। जिस लग्न में तिवारीजी की तथाकथित कन्या का विवाह था, उसी लग्न में शहर की और भी बीस-पच्चीस शादियाँ थीं—एक तो वही अन्तिम लग्न था। पता नहीं, बृहस्पति भगवान को भी क्या सनक सवार हुई कि आव देखा न ताव, टप से जाकर सिंह राशि में बैठ गए! और फिर तिवारीजी भी तो अचानक आकर नैनीताल की प्रत्येक विवाहयोग्य कन्या की राशि पर क्रूर ग्रह की भाँति जम गए थे। इसी बीच अनेक कर्णप्रिय समाचार का पूरा थैला कन्धे पर लटका, शहर का कुख्यात प्रेस-रिपोर्टर नब्बू मास्टर मोहल्ले में आ धमका। दस मिनट के लिए प्रवासी तिवारीजी की हजामत बनाने गया और उन्हें मूँडकर ले आया।

बैंकाक से आए हैं। लखपती ही नहीं, खगपती हैं। वर्षों पहले इनके पूर्वज पिथौरागढ़ से जाकर थाईलैंड में बस गए थे। वहीं किसी प्रसिद्ध हिन्दू मठ के मठाधीश हैं। लाखों का तो चढ़ावा ही चढ़ता है। पाँच बेटियाँ वहीं ब्याह दीं, अब सबसे दुलारी आखिरी बिटिया का कन्यादान करने स्वदेश पधारे हैं। बारात भी क्या ऐसी-वैसी जगह से आ रही थी! "ठेठ लन्दन से आ रही हैं, बीबी! जनवासे की पूरी हजामत का भार हमें ही सौंपा है तिवारी साहब ने। अभी उन्हीं की हजामत बनाकर तो आ रहे हैं हम।" नब्बू मास्टर ने ऐसे लहजे में कहा, जैसे उसका उस्तरा जो स्वयं देवराज इन्द्र के गाल का स्पर्श कर चुका था, अब नैनीताल के अन्य किसी मानवीय गाल का स्पर्श कर तुच्छता को प्राप्त नहीं होगा। शहर के महिलावृन्द का कुतूहल छलाँगें लेने लगा। कई तो अत्यन्त उत्साह से स्वयं ही काम पूछने भी चली गई थीं, पर गृहस्वामिनी ने न तो विवाह का निमन्त्रण ही दिया न विशेष अभ्यर्थना ही की, एक कोरा प्याला चाय का पिलाकर ही टरका दिया! जो भी हो, तिवारिन को उन्होंने देख लिया, एक मैं ही रह गई थी। खैर, जिस दिन बारात आएगी, उस दिन तो बाहर निकलेंगी ही। जामाता को खीलें उड़द परखने का पहाड़ी रिवाज तो जानती ही होंगी तिवारिन। पर इसी बीच अचानक एक दिन मैंने माँ-बेटी दोनों को एकसाथ खिड़की पर खड़ी देख लिया।

बाप रे बाप, तिवारिन थीं कि पूरी इमारत! कहाँ पर कमर की परिधि और उदर के क्षितिज का आदि-अन्त है, कुछ समझ में ही नहीं आया! ठिगना कद, चमकता माथा और गोरा रंग। चेहरे की सुर्खी देखकर तो मैं दंग रह गई। यहाँ तो दो ही बेटियाँ ब्याहने में चेहरे पर हवाइयाँ उड़ने लगीं थीं और दिन में ही तारे नजर आ रहे थे, और एक ये थीं, पाँच बेटियाँ दनादन ब्याह कर

छठी का कन्यादान सिर पर नाच रहा था, फिर भी किसी शानदार हवेली-सी बुलन्द खड़ी जगमगा रही थीं। साथ खड़ी बिटिया तो गुलाब की ताजा खुशनुमा कली-सी झूम रही थी।

एकदम सीप का-सा रंग, खूब कसकर बाँधी गई कुछ-कुछ ऊँची चोटी और प्रत्यंचा-सी भवें। उतनी दूर से मैं ठीक से देख नहीं पाई कि उन भवों की कलात्मक सज्जा में विधाता का चातुर्य था, या स्वयं किशोरी-स्वामिनी की चतुर अँगुलियों का; पर जिसकी भी हस्तकला थी, वह निःसन्देह सर्वोच्च कोटि की थी। वह कठिनता से पन्द्रह-सोलह वर्ष की होगी और शायद उसी कैशोर्य की अल्हड़ लुनाई ने उसके सौम्य चेहरे के सौन्दर्य को द्विगुणित कर दिया था। वह रात के कपड़ों में ही खड़ी थी। तंग मुहरी का लेस लगा पाजामा और ढीली बाँहों के कुरते में वह मुझे किसी तेरह-चौदह वर्ष के चीनी-बालक-सी ही लगी। उसके चेहरे पर भी पीलिया रोग का-सा पीलापन था। शायद जन्म से ही मंगोलदेशी वास ने चेहरे को इस अस्वाभाविक रंग में रँग दिया था। चेहरे का मुख्य आकर्षण था उसका गाम्भीर्य और उसकी तरल दृष्टि। कुछ ही क्षणों के लिए मैंने उसे देखा, पर फिर भी मुझे लगा, जैसे यह लड़की अपनी इन्हीं आँखों के माध्यम से हँसती है, बोलती है, परिचय लेती है और देती है। निश्चय ही ये चिड़िया के-से अधर-पुट नितान्त आवश्यकीय बातें कहने को ही खुलते होंगे। उसकी माँ ने शायद कुछ कहा और वह हँस पड़ी। उसकी भुवनमोहिनी हँसी देखकर मैं मुग्ध हो गई। क्षणिक हँसी में उसका नन्हा-सा बकटूथ चमका और उसी दिन समझ में आया कि क्यों ऐसे तनिक ऊँचे-से गजदन्त को सौन्दर्य का एक अंग माना जाता है।

वास्तव में लन्दन की बारात के योग्य ही दुल्हन थी वह। इस सुन्दरी पुत्री को देखने के बाद सड़ियल दम्भी तिवारी के सौ खून भी माफ किए जा सकते थे। माँ-बेटी थोड़ी देर भी खिड़की पर खड़ी रहतीं तो मैं शायद वार्तालाप का सूत्र स्वयं ही उन्हें पकड़ा देती, पर तिवारीजी ने अपने कच्चे गले की पुकार से दोनों को भीतर खींच लिया।

विवाह के केवल तीन दिन रह गए थे और इसी बीच तिवारी महोदय के निर्लज्ज, असभ्य आचरण से पूरा पर्वतीय समाज क्षुब्ध हो उठा था।

क्या खाक पहाड़ी है यह बोदा व्यक्ति, जब स्वदेश में आकर अपने ही देशबन्धुओं को नहीं न्यौत सका! माना कि वह यहाँ के रीति-रिवाजों से एकदम ही अनभिज्ञ है और किसी को भी नहीं जानता; पर अपने समाज में जब रहने

आया है तो उसे शिष्टाचार का महत्त्व तो समझना ही होगा। फिर शिष्टाचार का अस्तित्व तो प्रत्येक समाज में अनिवार्य रूप से रहता है, चाहे वह स्वदेशी हो या विदेशी। जब वह अकड़ से जेब में दोनों हाथ छिपाए घूमते रहेंगे, तो उनसे हाथ मिलाएगा भी कौन? अब सात हलवाइयों की बनी थालों-भरी मिठाइयाँ क्या बाँधकर थाईलैंड ले जाएँगे?

तिवारीजी तक समाज का आक्रोश न पहुँचा हो, ऐसा हो ही नहीं सकता था; क्योंकि उनके मुँहलगे नापित नब्बू को खूब जली-कटी बातें सुना दी गई थीं, पर तिवारीजी के कान पर जूँ भी नहीं रेंगी। लन्दन की बारात आ भी गई और निमन्त्रण-पत्र कहीं नहीं बँटे। शहर के एक नामी होटल में केवल सात जनों की बारात ठहराने का प्रबन्ध पहले ही हो चुका था।

वर के पिता भी कन्या के पिता की भाँति पीढ़ियों पूर्व लन्दन में बस गए थे, इसी से वर को छोड़कर अन्य सबके ललमुँहे चेहरे, सुनहले गाल और नीली-भूरी आँखों में विदेशी लटका ही अधिक था।

"क्यों रे नब्बू!" हमारी प्रतिवेशिनी मुखरा गोदी दी ने हँसकर पूछा, "हल्ला तो बहुत सुन रहे थे लन्दन की बारात का, आए हैं कुल सात..."

"किराया भी तो इतना है गोदी बीबी," नब्बू अपने नये प्रभु से इतना प्रभावित था कि उन पर किए गए प्रत्येक वार को झेलने अपने वाक्‌चातुर्य की ढाल को चट खींच लेता है। "अब हवाई जहाज का एक आदमी का किराया ही इतना है कि हम जैसे तो इतने में दस बेटियाँ ब्याह लें!" पर नित्य आँख-नाक से चुलबुली हँसी की रस-फुहारें छोड़ती, अपने बाल-वैधव्य की व्यथा को धो-पोंछकर बहानेवाली गोदी भी क्या कभी हार मान सकती थी? "जो भी कह रे नब्बू, वर का बाप तो मुझे फिल्मी बाप लगै है! न बेटे से सूरत-शक्ल ही मिले है, न रंग! गोरे सिपाहियों की पलटन ही लगै है मुझे तो! जरा पता तो लगाना, बाप असली है या नकली?"

नब्बू तुनककर चला गया और फिर नहीं आया। तिवारीजी लाख निमन्त्रण न भेजें, हम सबकी आँखों पर पट्टियाँ तो बाँध नहीं सकते थे।

बारात आई और एक-एक खिड़की पर एकसाथ बीस-बीस मुंड जुड़-भिड़ गए।

बारात की सज्जा एवं स्वागत-आयोजन में तिलमात्र भी त्रुटि नहीं थी।

रंगीन कागजी झंडियों की बंदनवार से वर की डाँडी वैसे ही सधे हाथों से सजाई गई थी, जैसे हर पहाड़ी दूल्हे की डाँडी सजाई जाती है और प्रत्येक

अभागे पहाड़ी दूल्हे की भाँति इस सुदर्शन व्यक्ति को भी पूरा कार्टून बना दिया गया था। पीली चपकन, लाल सिन्दूरी रेशमी धोती, कमर में पट्टा, सेहरे का ऐसा बुर्का जिससे लाख ताक-झाँक करने पर भी कभी एक-चौथाई मूँछ पल्ले पड़ती, कभी एक तिहाई नाक! ललाट कितना चौड़ा है, यह देखने की भी कोई गुंजाइश नहीं। पिसे चावलों की असंख्य बुँदकियों से पूरा माथा ऐसे रँग दिया था, जैसे जोधपुरी चुनरी की छपाई हो। सिर पर कसकर बँधा मुकुट, जिसमें अंकित गणेशजी की त्रुटिपूर्ण टेढ़ी सूँड़ कसकर बाँधे जाने से और भी टेढ़ी लग रही थी। मुकुट के पीछे चिपके किसी गर्भ-निरोधक अखबारी विज्ञापन को जोर से पढ़ गोदी दी ने हमें हँसा-हँसाकर मार ही दिया था। विधाता भी न जाने उनके लिए कहाँ से ऐसी विनोदपूर्ण सामग्री जुटाकर रख देता था।

स्वयं तिवारीजी की सज्जा देखकर भूख भागती थी। नित्य विदेशी पैन्ट की धार-सी क्रीज चमकानेवाला यह अकड़ू व्यक्ति आज सिर से पैर तक पूरा पहाड़ी पिता बना था।

लाँग लगाकर पहना गया पीताम्बर, कन्धे पर जरी का दुशाला और लहरिया साफा चमकाते वह अपनी सारी शान-शौकत ताक पर धरकर दामाद के पैर धोने झुके, तो गोदी दी की भी बोलती बन्द हो गई।

कैसा उजला झकझक दामाद मिला था तिवारीजी को! चाहते तो जामाता के चरणयुगल धो ही नहीं, चरणामृत पान भी कर सकते थे।

हमारा पूरा मोहल्ला साँस खींचे, अपनी खिड़की से गोधूलि में सम्पादित यह अनुपम धुल्यर्ध की छवि आँखों ही आँखों में पी रहा था कि कलमुँहा नब्बू न जाने कहाँ से आकर हम सबके सीने में एक गोली दागकर चित कर गया। "कैसा बढ़िया दूल्हा है, नब्बू!" गोदी दी ने कहा, "तुझे तो खूब नेग मिला होगा रे आज? शेली तो तू ही कर रहा था..."

"हाँ बीबी, नेग में तो पूरी अमरीकी सोने की मुहर मिली, पर दूल्हा देखने ही देखने का है—मोम का पुतला!"

"क्या?" सत्ताईस कंठों ने एकसाथ चौंककर पूछा।

"सुबह ही हजामत बनाने गया बीबी, तब ही समझ गया था कि दाल में कुछ काला है। एक आँख काँच की है बीबी।"

"चल हट!" अविश्वास से हम सबने उसे झिड़क दिया। मुआ हमेशा ऐसी ही मनहूस खबरें लाकर रंग में भंग कर देता था।

"कसम कुरान की, बीबी, एक आँख झपकती है, हिलती है, डुलती है, दूसरी एकदम पत्थर!" इतना कहकर वह स्वयं पत्थर बनकर खड़ा हो गया।

शायद ठीक ही कह रहा था नब्बू। इतनी ऊँची दुकान का पकवान फीका निकल भी जाए, तो कौन-सी आश्चर्य की बात थी! पर हाय! कैसी फूल-सी लड़की को काने के पल्ले बाँध दिया!

क्या लन्दन की बारात ही देखकर रीझ गए तिवारीजी? एक से एक सुन्दर, गुणी वर तो उन्हें यहीं जुट जाते!

रात-भर मुझे उस बड़ी-बड़ी आँखोंवाली सुन्दरी, अपरिचिता किशोरी के अन्धकारमय भविष्य की नाना कल्पनाएँ जगाती रहीं।

एक न एक दिन वह अपने पति की काँच की आँख को प्याले में डालकर साफ किए जाते देख शायद वैसे ही सहम उठेगी, जैसे बचपन में एक बार मैं अपने एक बंगाली अध्यापक की काँच की आँख को देखकर सहमी थी। चट से उन्होंने आँख को दबाकर काँच की गोली-सी ऐसे निकाल ली थी, जैसे पकी खुबानी की गुठली हो। जितनी देर प्याले में उनकी आँख धुलती रही, अचानक सिकुड़कर बिना दाँत के पोपले मुँह-सी उनकी पोपली आँख को देखकर मैं सिहर उठी थी। बेचारी लड़की! इतना रूप देकर क्या विधाता ने उसे काने की बहू बनाने ही पृथ्वी पर भेजा था?

दूसरे दिन तड़के ही बारात कब विदा हुई और कब कन्या की विदा के साथ ही साथ लक्जरी बस में भरकर तिवारी-परिवार रुद्रपुर से उड़ने चला गया, हम जान भी नहीं पाए। चाबी मेरे पास ही रहती थी, इसी से जब माली कोठी बन्द कर मुझे चाबी देने आया, तो मैं आश्चर्यचकित रह गई। बड़े फुर्तीले निकले तिवारीजी! कन्या की विदा के पश्चात तो विधाता यहाँ कन्या के माता-पिता को क्लोरोफार्म सुँघाकर दिन-भर बेहोशी में डुबा जाता है और तिवारीजी का तो फुर्तीला परिवार कन्या के साथ ही साथ स्वयं विदा हो गया!

"क्यों माली!" मैंने माली को खूब आड़े हाथों लिया। इतने दिनों तक उसने मुड़कर भी हमारी ओर नहीं देखा था, "लगता है, तुम्हारे नये मालिक ने खूब खिला-पिलाकर बाँध लिया था तुम्हें! क्यों, है ना?"

"क्या करता बीबीजी!" खिसियाए स्वर में वह बोला, "नौकर आदमी ठहरे हम! साहब ने कहा था, 'जब तक हम यहाँ रहें, दिन-रात तुम्हें यहीं रहना होगा। एक भी चीज खोई तो तुम्हें ही पकड़ेंगे।' मैं क्या करता, दिन-रात सामान की चौकीदारी करता था।"

"हमारी तो बोली ही नहीं समझती थी," मैंने कहा, "नहीं तो मैं जरूर बतला देती, ऐसी सुन्दर बिटिया काने के पल्ले से बाँध दी!"

"खूब समझती थीं बीबी," घाघ माली ने हँसकर कहा, "आप-हम सबसे भी अच्छी पहाड़ी बोलती थीं; पर कहती थीं, जान-बूझकर ही हम किसी को नहीं बुला रहे हैं माली! पलड़ा उनका भी बहुत भारी नहीं था, बीबी!"

और फिर जो कुछ माली ने बताया, उसी के सहारे मैंने अपनी अपूर्ण कहानी के चार खम्भों की नींव पर छप्पर डाल दिया।

लन्दन की बारात लन्दन पहुँच गई थी। अपनी सुन्दरी बालिका वधू की निर्दोष आँखों में आँखें डालकर तरुण प्रवासी पति अनर्गल प्रलाप-सा कर रहा था, "कोई और तुमसे कहे, इसके पहले मैं ही तुमसे कह दूँ, मेरी एक आँख सचमुच काँच की है। मुझे पहले पता होता कि तुम इतनी सुन्दर हो, इतनी कमसिन हो तो मैं तुम्हें कभी इस छलपूर्ण मरीचिका से नहीं छलता...तुम्हें सबकुछ पहले ही बता देता। क्या अब तुम मुझे कभी क्षमा कर सकोगी?"

सुन्दरी किशोरी ने लजाकर पति की शिला-सी छाती में मुँह छिपा लिया। आज उसके जीवन का सबसे बड़ा अभिशाप उसके लिए वरदान बन गया था। पति के लम्बे प्रलाप का एक शब्द भी अब तक उसके पल्ले नहीं पड़ा था और यदि वह पति की जघन्य कैफियत का एक शब्द सुन भी सकती, तो क्या अपने जीवन के कमज़ोर मुकदमे के पक्ष में एक भी पुष्ट दलील दे पाती?

वह तो जन्म से ही गूँगी और बहरी थी!

कल शायद वह धीरे-धीरे स्वयं ही समझ जाएगी, विधाता ने कानों की श्रवण-शक्ति, जिव्हा का वाक्चातुर्य, सबकुछ एकसाथ उन बड़ी-बड़ी तरल आँखों में ऐसे भरकर रख दिया है कि एक बार आँख उठाकर देखने पर ही वह विलक्षण बुद्धिमती सबकुछ समझ लेती है। पर आज तो वह एक सलज्ज चावनीमात्र से अपने सजीले दूल्हे को देख-भर सकी है। कितनी चौड़ी छाती है उसकी और कितना लम्बा कद!

पुरुष के पसीने की पहली खुशबू क्या ईथर से कुछ कम होती है? पर कल इस ईथर का नशा उतरने पर वह सब समझ जाएगी। प्रणय का यह मादक उल्लास उसके नवीन प्रेमी की एक ही आँख में छलकेगा, दूसरी में नहीं। एक आँख झपकेगी, हिलेगी-डुलेगी, दूसरी एकदम पत्थर बनी रहेगी और एक दिन शायद विराट शिला बनकर उसकी नन्ही छाती को भी दबा देगी।

कल शायद वह भी जान लेगा, उसकी मुट्ठी-भर की लाजवन्ती गुड़िया-सी नववधू के बार-बार उसकी छाती में लज्जा से छुईमुई बन छिप जाने के पीछे क्या रहस्य है। वह लज्जा है, या पलायन?

आज उसका मौन प्रणय-निवेदन, जो इतना मीठा और इतना स्वाभाविक लग रहा है, वह क्या कल भी इतना ही सुन्दर लगेगा? विदेशी सेन्ट से महकती, रँगे होंठ और तीखे नाखूनोंवाली, परिष्कृत रुचि की मेम-सी सास और ननदें क्या कल भी नई बहू को ऐसे ही बाँहों में भर सकेंगे, जैसे आज 'हाउ स्वीट!'—कहती उससे लिपट गई थीं?

शायद नहीं...

न सही।

आज तो हनीसकल की मदमस्त खुशबू में लिपटी इस परितृप्त युगल प्रेमियों की अनोखी जोड़ी को कोई नहीं छेड़ पाएगा। आज उनकी मधुयामिनी में कोई विष नहीं घोल सकेगा...कोई नहीं!

प्रतिशोध

सौदामिनी में वे सब गुण थे, जिनका एक ऊँचे अफसर की पत्नी में होना अनिवार्य होता है। वह अपनी तीखी-उन्नत नासिका हवा में उठाकर चलती थी। उसकी गर्वीली ग्रीवा की तनी ऐंठन, उठने-बैठने में एक निराली अकड़ और सर्वोपरि उसकी अनुकरणीय तटस्थता वास्तव में दर्शनीय थी। पुत्री से, पति से वह अंग्रेजी में ही बातें करती और अंग्रेजी में भी विशुद्ध कन्वेंटी लटका। अर्दली उससे थरथर काँपते, उसकी यत्न से नुची भृकुटि ही नौकरों का पटु संचालन करने में समर्थ थी। आटा, दाल, चावल, मसाले, यहाँ तक कि वह चाय भी चम्मच से नाप-तौलकर नौकरों को देती। भंडार की चाबी एक क्षण भी उसके कमर से लटके चाँदी के गुच्छे से विलग नहीं होती। वह उन लापरवाह गृहिणियों में से नहीं थी, जिन्हें पति के ऊँचे ओहदे की समृद्धि गृहस्थी के प्रति उदासीन बना देती है। धोबी उसका एक रूमाल भी खो देता तो वह पैसे काट लेती। साड़ी की जरीदार कन्नी में जरा-सी भी सिकुड़न रह जाती, तो नौकर दुबारा इस्तरी करवाने भागता। नौकरों को ही नहीं, पति के अधीनस्थ अफसरों को भी वह तर्जनी पर नचाती रहती। किसी को सरकारी गाड़ी घर भिजवाने के लिए टेलीफोन करती, किसी को सरकारी माली को अपने बंगले पर बेगार लगाने का आदेश देती और किसी को अपनी भव्य मुस्कान से मोहकर कहती—"अरे, आप देहरादून जा रहे हैं? एक कट्टा बासमती लेते आइएगा!" "कोई इटावा जानेवाला हो तो बताइएगा, थोड़ा घी मँगवाना है।" प्रदेश के कौन-कौन-से जिले से किस वस्तु की चौथ समेटी जा सकती है, वह खूब जानती थी। इसी से अचार के लिए कभी कट्टे-भर नींबू चले आते, कभी साहब की मेम साहब के रिक्त बोयामों के भीम कलेवर भरने, दशहरी कच्चे आमों का असमय ही अक्षत कौमार्य भंग कर, स्वयं तहसीलदार

साहब बोरे का बोरा अपने फर्शी सलाम के साथ बंगले में पहुँच जाते। शहर में कोई भी नृत्य-संगीत गोष्ठी होती या कोई बहुचर्चित फिल्म का प्रीमियर होता, तो मुँहमाँगे मनचाहे पास सौदामिनी की मुट्ठी में स्वयं ही सरसराने लगते। ऐसी रौबदार पत्नियों का व्यक्तित्व प्रतिभासम्पन्न पति के व्यक्तित्व को दबाकर जैसे कुंठित कर देता है, वैसे ही शंकर का व्यक्तित्व भी दबकर सिकुड़ गया था। वह किस-किससे मिलेगा, किनके साथ उठेगा-बैठेगा, क्या खाएगा, क्या पहनेगा—यह सब निर्णय सौदामिनी ही लेती थी। शहर में ही शंकर के बाल्यकाल का एक प्रिय सहपाठी था। कभी-कभी पत्नी की नजर बचा, शंकर चुपचाप कार निकाल उससे मिलने चल देता। अपने कैशोर्य के अतीत को एकसाथ बैठकर दोहराने में दोनों मित्र आनन्द-विभोर हो उठते। वैसे शंकर बड़ा दूरदर्शी था। अपने उस मित्र के घर वह हमेशा कृष्णपक्ष की अँधियारी ही में जाया करता था, जिससे रात्रि के अन्धकार में देखनेवाले उसके मित्र के द्वार पर खड़ी काली गाड़ी को और उसे न देखें; किन्तु एक दिन दुर्भाग्य से शंकालु सौदामिनी वहीं से घूमने निकली और उसके बाद शंकर ने उस मित्र का द्वार खटखटाना भी छोड़ दिया।

सौदामिनी को अपनी अनुशासित गृहस्थी पर बड़ा गर्व था। ईश्वर ने उसे सीमित परिवार दिया था—पुत्री थी, उसे भी उसने नैनीताल के बोर्डिंग स्कूल में डाल दिया था। जब कभी छुट्टियों में घर आती, तब वह अपने परिवार को साथ ले स्वयं कार ड्राइव कर घुमाने ले जाती। स्वयं उसका चेहरा अनोखी गर्वदीप्ति से चमकता; किन्तु पति और पुत्री के चेहरों पर लम्बी कैद की सजा सुन कठघरे में खड़े बन्दियों की-सी निरीह दयनीयता रहती। पुत्री मिनी को ईश्वर ने रूप नहीं दिया था; किन्तु जीवन के सीमित सोलह वसन्तों को सजाना वह खूब जानती थी। हाट पैंट्स की ह्रस्व मोहकता से और भी मोहक बन गई उसकी चिकनी, साँवली त्वचा दर्पण-सी चमकती। पुत्री के प्रत्येक ब्लाउज या टाप का गला किस सीमान्त तक दुःसाहस से उतरने पर उसके नवतारुण्य को और आकर्षक बना सकता है, यह ध्यान में रखकर ही सौदामिनी दर्जी की कैंची को जान-बूझकर और नीचे उतार देती। प्रतिवेशी अफसरी बिरादरी के ज्येष्ठ पुत्र के आई.ए.एस. में बैठते ही उसने पुत्री को नैनीताल के कन्वेंट से हटाकर अपने पास बुला लिया और वहीं के स्थानीय कन्वेंट में डाल दिया। जान-बूझकर ही वह दोनों को मिलने-जुलने, खेलने-घूमने का सुअवसर देने लगी। सांसारिक ज्ञान-शून्य मूर्ख पति ने पुत्री के इस स्कूली स्थानान्तरण का

विरोध भी किया था—"पूरे साल की फीस भी मैंने भर दी है। मेरी समझ में नहीं आया कि क्या तुक है उसे मिडसेशन में यहाँ बुलाने में!"

उत्तर में सौदामिनी ने दाँत पीस लिए थे, "ओह, ऐस," वह पति को इसी संक्षिप्त अक्षर से सम्बोधित करती थी, "तुम्हें क्या कभी बुद्धि नहीं आएगी? देख रहे हो, ब्राह्मण परिवार का होनहार दामाद ईश्वर ने घर बैठे छप्पर फाड़कर दे दिया है। पिता इतने बड़े अफसर हैं। उस पर हमारी जाति के शायलौकों को तुम नहीं जानते? अपनी बिरादरी का आई.ए.एस. तो दूर, इंजीनियर, डॉक्टर दामाद जुटाने में ही तुम्हारा सारा फंड निकल जाएगा। उस पर हमारे मकान पर अभी छत भी नहीं पड़ी। इस युग के प्रत्येक बुद्धिमान माता-पिता का कर्तव्य है कि वे अपनी सन्तान को ऐसे प्रेम-विवाह के लिए उत्साहित करें। दोनों प्रेम के चक्कर में पड़कर विवाह करने का निश्चय ले लेंगे, तो हम पल्ले झाड़कर बड़े मजे से दूर खड़े रहकर क्रोध का अभिनय कर सकेंगे।"

जनखों के-से चेहरे और लम्बी अयालवाला वह पड़ोसी अफसर का छोकरा शंकर को फूटी आँखों नहीं सुहाता था। 'अंकल, आन्टी' लगाए वह दिन-रात उन्हीं के यहाँ लिजलिजाता रहता और शंकर मन ही मन भुनभुनाता रहता। एक तो उसे अंकल का वह सम्बोधन वैसे ही कार-बंकल-सा भयानक लगता था, उस पर छोकरे की आँखें चौबीसों घंटे गुड़हल के फूल-सी लाल खिंची रहतीं। बहुत पहले उसके गाँव के एक गँजेड़ी पोस्टमैन की आँखें भी ऐसी ही चढ़ी रहती थीं, पर सौदामिनी उसकी सौ-सौ बलैयाँ लेती थी। कभी पुत्री के साथ दो पास मँगवा उसे सिनेमा देखने भेज देती, कभी रात के खाने पर बुला अकारण ही देर तक घेरे रहती, कभी किसी मुफ्त की सरकारी गाड़ी में उसे बड़े लाड़ से घुमाने नैनीताल ले चलती। मन-ही-मन अपनी दूरदर्शिता की सफलता पर उसका हृदय बल्लियों उछलने लगता। भावी सास-ससुर की उपस्थिति में नकली पलकें झपकाती पुत्री का अभिनय उसे निहाल कर देता; किन्तु दूसरे पक्ष का असन्तोष उन दो जोड़ी आँखों में स्पष्ट हो उठता। उन्हें पुत्र की इस परिवार से अस्वाभाविक घनिष्ठता जरा भी अच्छी नहीं लग पा रही थी पर मुँह खोलकर कुछ कह भी नहीं पाते थे। एक तो शंकर उन्हीं के साथ का एक वरिष्ठ अफसर था, उस पर सौदामिनी की युद्धनीति बहुत ऊँचे दरजे की थी। समधिन के रूप में सौदामिनी को पाकर संसार के किसी भी सद्गृहस्थ की बाँछें खिल सकती थीं। एक तो शंकर का अफसरी अतीत भी दुग्ध-धवल नहीं था, उस पर एक न्यायप्रिय मुख्यमन्त्री के शासन में उसे अनेक

आरोपों की गधा-टोप पहना, एक सुदीर्घ अवधि तक वर्जित कोने में खड़ा किया गया था। मन्त्रिमंडल ने केंचुली बदली तो शंकर एक बार फिर 'सी-सौ' के तखते पर नीचे गिरे शिशु-सा ही ऊपर उठकर गर्व से मुस्कराने लगा था। उसके जो-जो अपराध विगत मुख्यमन्त्री के शासनकाल में उसके विरुद्ध खड़े निर्लज्ज गवाह बन गये, वे ही इस बार हाथों में पुष्पहार लिए उसके स्वागत को खड़े हो गए। वैसे यह ठीक ही था कि पहली बार प्रदेश में एक मुख्यमन्त्री ने अपने शासनकाल में अपने भ्रष्ट अफसरों के निर्भीक हृदय में भी ईश्वर के भय का बीजारोपण कर दिया था। देखते-देखते अफसरी आचारसंहिता स्वयं बदल गई थी। अर्दलियों के स्वास्थ्य में आश्चर्यजनक परिवर्तन होने लगा था। उधर अफ़सर विशेषकर उनकी पत्नियाँ सूखने लगी थीं। रात ही रात बंगले की सरकारी समृद्धि ट्रकों में भर-भरकर अपने-अपने मुकाम पर पहुँचाने लगी।

सरकारी दरियाँ, इंस्पेक्शन-हाउस के फोम के गुदगुदे गद्दे; जिन पर आज तक अफसर-पत्नियाँ गैंडे-सी करवटें बदलती थीं; रंगीन छतरियाँ, जिन्हें लॉन में गाड़ जाड़े की गुलाबी धूप का आनन्द लिया जाता था; सरकारी गाड़ियाँ जिनकी सामान्य-सी चौथ चुका मनमाने ढंग से धूँसा जाता था, सब किसी शून्य में विलीन हो गईं। इसमें कोई सन्देह नहीं कि ईश्वर का भय ही बुद्धि का आरम्भ है। पहली बार शंकर का नास्तिक हो उठा मन भी पूजापाठ की ओर झुकने लगा था। वैसे भी उसका सबसे बड़ा गुण था—उसका संयम। पत्नी को छोड़ आज तक उसे कभी किसी कामिनी के आकर्षण ने नहीं डिगाया था; किन्तु कंचन से उसे परहेज नहीं था। वस्तुतः, इस दौर्बल्य के लिए भी दोषी सौदामिनी ही थी। पति को भ्रष्टाचार की भट्ठी में प्रायः पत्नी ही झोंकती है। सौदामिनी ही हाथ पकड़कर उसे इस कुपथ्य पर खींच ले गई थी। अब तो उसकी यह दुर्बलता प्रायः ही खुले आम चर्चित होती रहती थी। लोग तो यहाँ तक कहते थे कि अपेक्षित उत्कोच की मात्रा यदि कम रहती तो वह प्रतिकूल एंट्री की एक ही पंक्ति से अपने अधीनस्थ अफसरों के उजले चेहरों पर भी कालिख पोतकर रख देता था। मिट्टी के मोल में सोने के टुकड़े-सा प्लॉट खरीदकर सौदामिनी ने देखते-देखते गगनचुम्बी महल खड़ा कर दिया था। ठेकेदार-मजदूरों के बीच चिलचिलाती धूप में वह एक-एक ईंट का लेखा-जोखा रख, हाथ में नक्शा लिए खड़ी रहती। गृह-प्रवेश होने से पूर्व ही वह फर्टिलाइजर्स की किसी प्रख्यात कम्पनी के दफ्तर के किराये का बयाना ले चुकी थी।

प्रतिशोध

"क्यों, क्या हमारे रहने के लिए दो कमरे भी नहीं रखोगी? तीन-चार साल में तो हम भी रिटायर हो जाएँगे।" शंकर ने एक रात डरते-डरते पूछ लिया तो सौदामिनी ने उसकी खाल ही खींच ली थी, "क्यों जी, समझ में नहीं आता किस काठ के उल्लू ने तुम्हें इस अफसरी के लिए छाँट लिया? तुम क्या सोचते हो, यह मकान हमने अपने रहने के लिए बनाया है? लोन का पैसा कौन देगा, मेरा बाप? किसी भी अफसर को तुमने आज तक अपनी बनवाई कोठी में रहते देखा है? मिसेज शुक्ला को देख लो, मिसेज भार्गव, मिसेज सूद किसी के पति ने सचिव के पद से अवकाश ग्रहण किया तो कोई चीफ इंजीनियर रहा। तीन आई.सी.एसों. के नाम तो मैं भी गिनाऊँ जो अब स्वयं आलमगीर कोठियाँ खड़ी कर ऐसे-ऐसे खचड़ों में रह रहे हैं, जिनमें शायद कभी उनके चपरासी-बटलर भी रहने में शरमाते। हर अफसर की कोठी उसके अवकाश ग्रहण करने पर भी उसके लिए वहीं आई.सी.एस. की तनख्वाह उगल रही है। हमारी बिरादरी का प्रत्येक बुद्धिमान मकानमालिक प्राइवेट कम्पनियों को या सरकारी अनुष्ठानों को ही किरायेदार बनाकर प्रतिष्ठित करता है। हम तुम जैसे सरकारी मुलाजिम क्या ऐसा किराया उगल सकते हैं? ऊपर की मंजिल के लिए मैंने टाइप की मशीनवालों से बात कर ली है। नीचे की मंजिल को फर्टिलाइजर्सवाले ले रहे हैं। कटहल, आम, नींबू के पेड़ तो मैंने बुद्धिमानी कर प्लॉट लेते ही हॉर्टिकल्चरवालों से लगवा दिए थे। भगवान ने चाहा तो अगले साल ही फल देने लगेंगे। देखा नहीं कैसे गैंडे-से कटहल लटके हैं पेड़ों पर! सब मैंने ठेके पर दे दिए हैं।"

किन्तु एक ही क्षेत्र में सौदामिनी ने पति से मुँह की खाई थी। शंकर का व्यक्तित्व किसी भी अंश में सुन्दरी पत्नी से कम नहीं था। वह स्वयं एक ऐसे अभावग्रस्त संस्कारी परिवार का पुत्र था, जहाँ उसने मूँछें उगने तक बड़े भाइयों के कपड़े छोटे करवाकर पहने थे। सौदामिनी अत्यन्त प्रगतिशील आधुनिक परिवार की पुत्री थी। उसके पिता ने केवल जामाता की प्रतिभा एवं भविष्य की सम्भावनाओं को ही कन्या सौंपी थी। अपनी बारात में वरपक्ष के शिव के गणों से देहाती लठ बारातियों को देख सौदामिनी फूट-फूटकर रोई थी। ससुराल पहुँची तो सास-ससुर, जेठ-जिठानी को देखते ही उसे साँप सूँघ गया। द्वारों पर चीकट से हैण्डलूम के पर्दे थे; बिस्तरे पर जीर्ण मलिन चादरें बिछी थीं, जिन्होंने शायद कभी धोबीघाट की शिला का स्पर्श भी नहीं किया था। गोरखपुरी हरे तकिया-गिलाफों पर बने सफेद, टेढ़े अशोक-स्तम्भ भी विवर्ण होकर उसी

हरीतिमा में अपना अस्तित्व विलीन कर चुके थे। सास दिन-भर अपनी चौड़ी हथेली पर दोहरे का चूना मलती, महरी-महाराजिन से कुँजड़िन-सी लड़ती रहती। एक जिठानी का मियादी बुखार के बाद दिमाग फिर गया था, उसे दिन-रात कमरे में बन्द रखा जाता। वहीं से उनकी दिल दहला देनेवाली चीख ने सौदामिनी की पहली ही मधुयामिनी में विष घोलकर रख दिया था। उन्मादिनी जेठानी के पति लफंगों की भाँति बुभूक्षित दृष्टि से घूरते रहते। ननद को मिरगी का दौरा पड़ता था, दूसरी जिठानी गाजीपुर के किसी समृद्ध ताल्लुकेदार की पुत्री थीं, उसके पति वकालत करते थे। यह जिठानी भी पढ़ी-लिखी नहीं थीं। उनके पिता ने पूरे पच्चीस हजार देकर जामाता खरीदा था। इसी से चेचक के दागों से भरे उनके स्याह और ईर्ष्यालु उग्र स्वभाव को भी क्षमायाचना मिल गई थी। सुन्दरी शिक्षिता देवरानी को देखकर उन्होंने भी पहले ही दिन आँखों ही आँखों तलवार खींच ली थी; किन्तु सौदामिनी ने बड़े धैर्य से पति को लेकर किनारा खींच लिया था। बड़ी सूझबूझ से उसने हड्डी से ऐसे मांस छुड़ा लिया कि हड्डी उसी मनहूस कस्बे में पड़ी रह गई और पूरी बोटी उसके मुँह में आ गई। पुत्री के जन्म पर एक ही बार उसके सास-ससुर आए और सौदामिनी के हृदयहीन व्यवहार ने उन्हें तीसरे ही दिन लाठी लेकर ऐसा खदेड़ा कि जब तक जीवित रहे, बेचारों ने कभी उधर झाँकने का भी दुस्साहस नहीं किया। बीच-बीच में शंकर को ही किसी लम्बी कैद में बन्द कैदी की भाँति उसके सुआचरण के बूते पर सौदामिनी पैरोल की छुट्टी दे माँ-बाप से मिलने घर भेज देती; किन्तु एक नियत अवधि के भीतर वापस लौटना उसके लिए अनिवार्य रहता। अब शंकर को देखकर कोई नहीं कह सकता था कि वह उस परिवार का पुत्र है। सिर से पैर तक सौदामिनी ने पति के एक-एक अंग की सज्जा में अनुपम निखार ला दिया था; किन्तु उसके सुन्दर व्यक्तित्व में लगा अतीत का एक मलिन स्मृतिचिन्ह अब भी सौदामिनी को पागल बना देता था।

जहाँ उसकी कनपटी पर एक-आध धवल तार चमकने लगे थे, वहीं पर शंकर का अभी एक भी बाल सफेद नहीं हुआ था। उसके घने, काले, चिकने बालों की पाटी अनायास ही किसी भी प्रसिद्ध केश-तेल कम्पनी का विज्ञापन बनाई जा सकती थी। अपने उस केश-प्रसाधन में वह किसी शृंगारप्रिया किशोरी का-सा ही परिश्रम भी करती थी। घंटों स्वयं चम्पी करता, फिर उन्हें पानी में भिगोता, फिर ब्रश के धारावाहिक प्रहारों से उन्हें बिठा, बीच की माँग

निकाल, किसी दराबी की-सी चपटी सज्जा में ऐसे बिठा देता कि आँधी भी चले तो मजाल है कि एक बाल उड़कर बिखर तो जाए! सौदामिनी को पति के इन काले केशों पर बड़ा गर्व था; किन्तु पृष्ठभूमि में प्रश्न के चिह्न-सी उठी शिखा उसे सौत से भी अधिक दुखदायी लगती थी।

बीस वर्षों के दाम्पत्य-जीवन में उस चाणक्य की-सी शिखा का अस्तित्व न जाने कितनी बार विष घोल चुका था। जब चार वर्ष पूर्व शंकर को एक सेमिनार में विदेश जाने का सुअवसर प्राप्त हुआ तो एक बार फिर सौदामिनी पति से उलझ पड़ी थी।

"देखो जी, यह चुटिया लेकर मैं तुम्हें हर्गिज उन विद्वानों की गोष्ठी में नहीं जाने दूँगी। क्या कहेंगे सब? हर वक्त तो गुस्सैल साँड़ की पूँछ-सी खड़ी रहती है निगोड़ी।"

प्रत्येक वाद-विवाद में रौबदार पत्नी का स्पर्श पाते ही छुईमुई-से सिकुड़ जानेवाले शंकर ने शिखा का नाम आते ही उस दिन गुस्सैल जंगली बिल्ले-सा ही अपना क्रुद्ध कूबड़ा उठा लिया था। "तब तुम भी सुन लो जी, तुम्हें छोड़ सकता हूँ, पर इस चुटिया को नहीं, समझीं? इस अकड़ में मत रहना कि जैसे मेरे माँ-बाप छुड़वा दिए, ऐसे ही इसे छुड़वा दोगी!"

पति के उस प्रहार से सौदामिनी तिलमिला गई थी। शंकर के साथ फिर चुटिया जिस शान से विदेश गई, उसी शान से तिरंगे-सी फहराती लौट भी आई। झक्की पति क्रोध आने पर कभी-कभी दिशाज्ञान भूलभाल उसे अतिथियों के सामने भी अपदस्थ कर सकता है, यह वह जानती थी। एक बार पितृपक्ष में अपने विदेशी अतिथियों के लिए सौदामिनी ने गोश्त बनाने का प्रस्ताव रखा तो शंकर ने साफ कह दिया था, "देखो जी, आज मेरे बाबूजी का श्राद्ध है, चाहे गवर्नर आए, चाहे राजदूत, मेरे घर में गोश्त बिल्कुल नहीं बनेगा।"

"ठीक है, नहीं बनेगा," कह चतुरा सौदामिनी ने चुपचाप अर्दली को बाजार भेज जीमखाना के प्रसिद्ध कबाब, मुर्ग और बिरयानी मँगा, मेज पर सजा दिये थे। अपने विदेशी अतिथियों के लिए उसने विशुद्ध भारतीय परिवेश का चँदोवा तानकर रख दिया था। रूमाली रोटी थी, अपने आकर्षक अवयवों को पसार दिवंगत हुआ मुर्ग था, गोलाकार रासमंडली के-से वृत्ताकार घेरे में सजे कबाब थे और थी दोरंगी हरिताभ आभा से उड़ रही केवड़े की मन्द, मदिर सुगन्ध अतिथियों के विदेशी नथुने फड़का रही थी।

"ओह, मिसेज चन्द्रा, ह्वाट ए ट्रीट!" कह छः फुटी जर्मनी मिसेज ऐरनसन अनभ्यस्त अँगुली से रूमाली रोटी का स्कर्ट का-सा घेरा फहरा ही रही थीं कि निरीह मुर्ग की आकाश को पसरी टाँगों पर दृष्टि पड़ते ही मेजबान लाल रंग को देख भड़क गए साँड-सा ही चौंका और नथुनों के क्रुद्ध झाग का धुआँ बिखेरता, गुर्राता बाहर निकल गया। न जाने कितनी मिथ्या दलीलें देकर सौदामिनी ने अभद्र पति के अशिष्ट व्यवहार को ढाँकने की चेष्टा की थी।

"एकाएक उन्हें चक्कर आ गया, कमरे में ले जाकर सुला आई हूँ। असल में उच्च रक्तचाप के मरीज़ हैं।" आदि-आदि। उस दिन से वह पति से आमने-सामने की टक्कर में भिड़ने की मूर्खता कभी नहीं करती थी। इसी बीच बेचारी नियति के कठोर आघात से चेतना ही खो बैठी। अपनी जिस सौम्य आज्ञाकारिणी पुत्री पर उसे बड़ा गर्व था, उसी ने अकस्मात् एक दिन माँ की लुटिया डुबो दी। उस अपने समाज-सेविकाओं के दल का नेतृत्व करने जापान गई थी कि बेबी रकाबगंज के किसी लड़की के मुसलमानी व्यापारी के अकर्मण्य छोकरे के साथ भाग, चौक की किसी मस्जिद में निकाह पढ़ आई। पूरे शहर में तहलका मच गया। पति का 'केबल' पाकर वह तत्काल लौटी तो शहर की दीवारों पर उसी की पुत्री के विजातीय विवाह के पोस्टर लगे थे। लड़की अभी नाबालिग थी, चाहती तो उसे कानून की सनसी से पकड़ फिर अपने बंगले की चहारदीवारी में बन्द कर सकती थी; किन्तु कोर्ट-कचहरी का द्वार खटखटाने में अब स्वयं उसी की रही-सही नाक भी नुच सकती थी। अपनी जिस सौम्य पुत्री का उसने समाज में नित्य बढ़ा-चढ़ाकर बखान किया था, उसकी कलंकगाथा की चर्चा अब वह जबान पर ला भी कैसे सकती थी! इसी से उसने स्वयं ही अपने सामाजिक जीवन से रिश्ता तोड़ दिया। दिन-भर अपने नये बन रहे मकान के पास ही तम्बू तानकर पड़ी रहती। पुत्री के निर्लज्ज पलायन की व्यथा को उसने नवीन गृह के बन रहे कोष्ठ-प्रकोष्ठों के गारे-चूने में घोल अपना दुख भुला दिया था। महीनों से उसने सिवा ठेकेदार, मजदूर, मजदूरिनों के चेहरे के कोई भी सुसंस्कृत चेहरा देखा ही नहीं था। बेहया बेबी के पलायन को वह उसकी अकाल-मृत्यु के रूप में स्वीकार कर चुकी थी। थकी-माँदी घर लौटती तो पति का असहानुभूतिपूर्ण व्यवहार उसे क्षुब्ध कर देता। उसकी दृष्टि में पुत्री के अमर्यादाशील व्यवहार के लिए दोषी वही थी।

"यह सब तुम्हारी ही शिक्षा का परिणाम है। लड़की कहाँ जाती है, कब लौटती है, किसके साथ घूमती है, क्या कभी देखा था तुमने? फिर तुम्हारी

महत्त्वाकांक्षा भी तो यही थी कि पुत्री किसी से प्रेम-विवाह करे! सो पूरी हो गई, अब तो कलेजा ठंडा हो गया होगा तुम्हारा!"

सौदामिनी बौखला जाती। दिन-रात की गृह-कलह की अशान्ति ने शंकर का समग्र ध्यान धनार्जन पर ही केन्द्रित कर दिया था। कैसे अधिक से अधिक धन संचित किया जाए, यही सब उसके कुण्ठित, अशान्त जीवन का एकमात्र ध्येय रह गया था। निर्लज्ज कर्ज देनेवाले पेशेवर पठान की भाँति वह लाठी ठकठकाता ठीक उन्हीं द्वारों पर खड़ा हो जाता, जहाँ से मनचाही ब्याज की रकम वसूली जा सकती थी, किसका बिल पास कराने पर कितनी बँधी परसेन्टेज मिल सकती है, या किस सरकारी अनुदान पर दस्तखत करते ही पानेवाला सोना उगल सकता है वह खूब जान गया था। अब बिना बुलाए ही लक्ष्मी नित्य सोने के घूँघरू छमछमाती उसकी जेब में आकर स्वयं बैठने लगी थी। एक दिन एक ऐसे ही कर्जदार के मधुर आवाहन ने उसके नारी-बुभुक्षित प्राणों के सम्मुख एक सर्वथा नवीन प्रकार के उत्कोच के छप्पन व्यंजनों के थाल सजाकर धर दिए। सौदामिनी यौवनकाल में भी प्रणय के आदान-प्रदान में सदा कृपण ही रही थी, यौवन और धन दोनों को वह सूम के धन-सा ही सेंतती आई थी। प्रौढ़ा होने पर उसकी यही कृपणता वयस के साथ-साथ बढ़ती कृपण की कृपणता की ही भाँति अस्वाभाविक रूप से उग्र हो उठी थी। एक तो नये बन रहे मकान की एक-एक ईंट ने उसकी समस्त शक्ति को सोख लिया था, उस पर रही-सही कसर बेबी ने पूरी कर दी थी।

रात को शंकर कभी संलग्न शय्या से हाथ बढ़ा उसे अपनी ओर खींचने की चेष्टा भी करता तो वह झल्लाकर उसकी प्रसाहिरत बाहु दूर पटक, करवट बदल सो जाती।

"यह सब करते शर्म नहीं आती अब तुम्हें? दो वर्ष में पूरे पचास के हो जाओगे।" बेचारा शंकर चुपचाप पड़ा करवटें बदलता रहता। अपनी उस मूर्खा पत्नी को वह क्या कभी समझा सकता था कि पचास के होने पर भी पुरुष के बुभुक्षाकातर प्राण कभी भूखे शिशु की ही भाँति समय-असमय कुछ नहीं देखते। इसी से जब उस कुटिल उद्योगपति ने अपने मोहक प्रस्ताव का चुग्गा फेंका, तब वह पहले ही आवाहन में खिंचा चला गया।

"सर, अपनी यही एक हॉबी है", खींसें निपोरकर उसने कहा था, "एक छोटा-सा सुन्दर फ्लैट ले लिया है, सारे दरवाजे-खिड़कियाँ साउंड-प्रूफ हैं। वहीं सामान्य पत्र-पुष्प से आप जैसे देवताओं की पूजा करता है यह सेवक! पत्र-पुष्प

भी सब संभ्रान्त गृहों की वाटिका के लाता हूँ सर! स्कूल, यूनिवर्सिटी, मेडिकल कॉलेज की संभ्रान्त गृहों की लड़कियों के शरीर और सौन्दर्य की परख में थोड़ा हाई ब्राउ हूँ सर, इसी से एकदम एयर होस्टेसवाला मापदंड रखता हूँ। जहाँ बाईस वर्ष से ऊपर वयस हुई, वहीं एकदम अनफिट। आपकी ऊँची पसन्द खूब पहचानता हूँ। इसी से एकदम आपकी पसन्द का प्रबन्ध कर, तब बुलाने आया हूँ। मैं क्या इतना भी नहीं समझता कि जो इम्पोर्टेड सिगरेट को छोड़ और कोई सिगरेट होंठों से नहीं लगाता, शिवाज रीगल को पानी की जगह पीता है, वह कैसी क्षीण कटि की कामना करता है? केवल एक बार मेरे फ्लैट में पदधूलि देनी होगी।"

शंकर की आपत्तिजनक गुनगुनाहट को भाँप फिर उस घाघ ने तत्काल खींसें निपोरकर कहा था, "अरे-अरे, आप एकदम निश्चिन्त रहें! ऐसा कोई खतरा हो ही नहीं सकता। अब आपसे क्या छिपाऊँ, एक से एक ऊँचे तबके के अतिथि मेरे यहाँ आते रहते हैं, फिर मैं क्या इतना भी नहीं समझता कि आप लोगों की अफसरी किस देशी उस्तरे की धार पर टिकी रहती है? विश्वास न हो, तो एक दिन मेरे कमरे में लगी मैजिक आई से स्वयं नजारा देख लें, कैसे कान में जनेऊ डालकर दिशा-जंगल जानेवाले ख्यातिप्राप्त नेता, कलाकार, यूनिवर्सिटी के प्रोफेसर, आपकी बिरादरी के महानुभाव नित्य मेरे उस फ्लैट में नकाब डाले निगरगंड सीना ताने चले आते हैं और वैसे ही सन्तुष्ट-निर्भीक कदमों से लौट जाते हैं। यह कोयले की कोठरी वैसी नहीं है, जो कालिख का सामान्य-सा धब्बा लगा दे। फिर किसकी छाती में इतने बाल हैं, जो इस छाती से भिड़े?"

उसने अपने खुले बटनों से दिख रहे लोमश सीने पर स्वयं मुक्का मार अपने अहंकारी कथन की पुष्टि की थी।

किन्तु शंकर ने भी कच्ची गोलियाँ नहीं खेली थीं। उस मैजिक आई से उसने वह दिव्य झाँकी देखी तो पहले उसे अपनी आँखों पर विश्वास ही न हुआ।

ये सब? ये सब भी आते हैं यहाँ?

प्रत्येक अतुलनीय अभ्यागत आता और भीतर पैर रखते ही निःसंशय हो चेहरे की नकाब ऐसे खूँटी पर टाँग देता, जैसा सफल आपरेशन कर बाहर निकला सर्जन अपनी नकाब उतारकर टाँग देता है। साथ में एक न एक ताजी कुन्दकली-सी किशोरी रहती। विभिन्न कमरों से देखते-देखते हँसी की

फुलझड़ियाँ छूटने लगतीं। स्वच्छ बुर्राक बैरे ट्रे में नाना प्रकार के चिखौने सजा-सजाकर कमरों में पहुँचाते, और धीरे-धीरे मुर्दा फूँककर उदास आत्मीयों की ही भाँति कनखियों से इधर-उधर देखते अपनी-अपनी नकाब लगा सीढ़ियाँ उतर जाते। चतुर प्रबन्धक प्रत्येक अतिथि के जाने से पूर्व स्वयं बाहर जाकर 'लाइन क्लियर' की हरी झंडी दिखा जाता था, कहीं ऐसा न हो कि एक संभ्रान्त निशाचर किसी दूसरे संभ्रान्त निशाचर से टकरा जाए!

चौथे दिन आश्वस्त होकर ही शंकर ने पहली बार नकाब डाली और एक विचित्र परिचित-सी मादक सुगन्ध से उसके नथुने फड़क उठे, निश्चय ही प्रबन्धक की रुचि उच्चकोटि की रुचि थी। ऐसी ही सुगन्ध सौदामिनी के ब्लाउज से भी आती थी। एक क्षण के लिए उस सुगन्ध का स्पर्श उसे विचलित कर गया। उसे लगा, नाक पर लगी वह नकाब नकाब नहीं, सौदामिनी का ब्लाउज है, जिसके पीठ के बदन लगाने में यौवनकाल के प्रथम रससिक्त क्षणों में वह झुक-झुककर उसके नग्न स्कन्ध चूम-चूम लेता था और वह पलटकर उसके गले में बाँहें डाल देती थी। पर फिर उसी मोहक बन्धन ने तो उसके माता-पिता के मोह की बेड़ियाँ भी उसी निर्ममता से काट दी थीं। यहाँ आने में वह उसी निर्मम पत्नी से अपना प्रतिशोध ले रहा था। उसी क्षण कठोर बन वह अपने आवंटित कमरे की ओर बढ़ रहा था। कमरे की स्वच्छ सज्जा अनुपम थी। नीले पर्दों और दूधिया नीले मद्धिम बल्ब के प्रकाश से पूरे कमरे में डिनर की-सी कैण्डिल लाइट मदिर आभा बिखरी थी। एक तखतनुमा पलँग पर डनलप के गद्दे को सुन्दर, मुलायम पलँगपोश से ढक दिया गया था। दीवार पर लगा नग्न यक्ष-यक्षिणी के मिथुन जोड़े के चित्र का ऐश्वर्य किसी भी अंश में खजुराहो के देवालय की दीवारों पर खुदी मूर्तियों से कम नहीं था। एक मेज पर ल्येब्यॉय पत्रिकाएँ बिखरी थीं, उन्हीं में खोई उस लड़की की पीठ उसकी ओर थी। उसकी पदचाप का संकेत पाते ही वह बड़ी शिष्टता से खड़ी हो गई।

"गुड ईवनिंग सर!"

"ईवनिंग," शंकर ने हँसकर प्रत्युत्तर दिया; किन्तु उसी क्षण वह सहस्र बार पूर्वाभ्यास की गई उसकी खिसियायी हँसी विलुप्त हो गई। लड़की भी उसे चकोर की-सी चकित दृष्टि दे देख रही थी। शायद दोनों ही एक-दूसरे के उस अप्रत्याशित व्यक्तित्व के लिए प्रस्तुत नहीं थे। बुर्राक ढीले पाजामे और चिकन के कुर्ते में वह आकर्षक रोबदार गम्भीर अतिथि आने से पूर्व शायद अपने

भीरु चित्त को भयविरहित करने हजरतगंज के बजरंगबली के सिन्दूर के लम्बे तिलक से अपने गौर ललाट को चर्चित कर आया था। उधर दूधिया मुस्कान बिखेरती स्कर्ट-ब्लाउज में एकदम ही मासूम लग रही वह भोली-सी लड़की एकदम स्कूली किशोरी लग रही थी। एक क्षण के लिए दोनों गूँगे बन गए। फिर सिगरेट-केस से सिगरेट निकाल, लाइटर से उसे सुलगा, शंकर ने ही बर्फ की सिल्ली तोड़ी थी अपनी मोहक हँसी से—"क्या नाम है तुम्हारा?"

"कोयल।"

"वाह, नाम तो बड़ा सुन्दर है—एकदम तुम्हारी आवाज़ से मेल खाता! कब से इस आम्रकुंज में कुहुक रही हो?"

"जी, मैं समझी नहीं?" उसने बड़े ही भोलेपन से अपनी मोतिया बत्तीसी बिखेर दी—"असल में मेरी एल्मिंट्री हिन्दी है, उसमें भी हमेशा फेल ही होती आई हूँ।"

'ओह' शंकर के बैठे गले की खुरदरी हँसी ऊँची पर्वत-श्रेणियों में दब-दबकर घुट रही मेघगर्जना-सी मधुर होकर गूँज गई, "पर एक विषय में तो असाधारण प्रतिभा रही होगी तुम्हारी, जो इतनी छोटी उम्र से ही यहाँ पहुँच गईं!"

उसने आँखें झुका लीं। सलोना चेहरा एकाएक उदास हो गया। शंकर के क्षुधाकातर प्राण फड़फड़ाकर होंठों पर आ गए। बरबस उसकी आँखों की संयत दृष्टि उस सलोनी देह पर फिसलने लगी। कैसी आकर्षक भंगिमा थी बैठने की! कन्धे की उठी हड्डियाँ, नुकीले अहंकारी तेवर, सुचिक्कन कपोल, गोल चिबुक और प्रत्यंचा-सी भवें। चेहरा साँवला था; किन्तु देह की गढ़न लाखों में एक थी। निश्चय ही प्रबन्धक ने उसकी रुचि को पहचान लिया था। यदि देह का सामान्य-सा उन्नत उभार आँखों को न अटकाता तो उस दुबली काया का पूरा नक्शा किसी तेरह-चौदह वर्ष के किशोरी का था। पतली-सी कलाई में ढीली बँधी घड़ी बाजूबन्द-सी लटक गई थी। यह भी उसके किसी अतिथि का उपहार थी, या लड़की अपने बाप की घड़ी बाँधकर आ गई थी? इसी बीच बैरा ट्रे में दो गिलास, सोडा और उसका प्रिय पेय लाकर रख गया। क्रमशः दुर्बल पड़ रहे चित्त की धड़कनों को संयमित करते शंकर ने गिलास भरे और एक संगिनी की ओर बढ़ा, हँसकर कहा, "चियर्स!"

वह इस बार हँस दी। चेहरे की उदासी देखते ही देखते न जाने कहाँ उड़ गई।

"अभी पढ़ रही हो क्या?" पहले ही घूँट ने शंकर की जिव्हा को निर्भीक बना दिया।

"जी, इस वर्ष सीनियर केम्ब्रिज दे रही हूँ।"

शंकर के कलेजे में जैसे किसी ने घूँसा मार दिया। उस मुसल्ले के साथ बेबी न भागी होती तो वह भी इस साल बी.एस-सी. में होती!

क्या पता यह उसी की सहपाठिनी हो! कुछ देर तक वह फिर कुछ कह नहीं पाया। लड़की बार-बार हाथ की घड़ी देख रही थी। अपने अधैर्य से वह जैसे बिना कुछ कहे ही उससे कह रही थी—मेरा समय सीमित है, समय से ही मुझे घर लौटना होगा, नहीं तो डाँट पड़ेगी।

उधर अतीत के न जाने कितने स्मृतिदंश बार-बार शंकर का कलेजा निचोड़ रहे थे। बेबी भी तो दिन डूबे घर लौटती थी, सौदामिनी को तो कभी चिन्ता हुई नहीं, वही कभी-कभी बुरी तरह झल्ला पड़ता था, ''कहाँ घूमती रही थी इतनी देर?''

''पापा, मेरा एक्स्ट्रा क्लास था, मदर ने सब लड़कियों को रोक लिया तो मैं कैसे चली आती?''

तब क्या यह छोकरी भी अपने किसी अभागे पापा को एक्स्ट्रा क्लास का चकमा पढ़ाकर इस बदनाम गुप्त अड्डे में भटक गयी थी?

"तुम्हारे पिता क्या करते हैं?" मन की शंका ही सहसा उसकी जिव्हा पर फिसल गई और उस अचानक पूछे गए प्रश्न ने उस लड़की को चौंका दिया।

एक पल में उसके भोले चेहरे की एक-एक निर्दोष रेखा विलुप्त हो गई। नई-नई पकड़ी गई क्रुद्ध नागिन की-सी फूत्कार में उसने अपना नन्हा सीना तान लिया, "आपको मतलब?"

स्पष्ट था कि संभ्रान्त पिता का कुल-गोत्र उगलने वह यहाँ नहीं आई है।

"नाराज क्यों हो गईं, मैंने तो ऐसे ही पूछा था—आओ," हँसकर शंकर ने अपनी दोनों लम्बी बाँहें फैला दीं। उसी आवाहन की भाषा को वह पहचानती थी।

इसके बाद कोयल शंकर के नीरस जीवन का एक सरल अभिन्न अंग बन गई। दफ्तर की फाइलों के स्तूपाकार अम्बार को बिजली की गति से चीरता वह अब समय से पूर्व ही उस गुप्त अड्डे की सीढ़ियाँ चढ़ने लगता। नित्य नवीन वेश-भूषा में कोयल अपने नये प्रेमी को पूर्ण रूप से मोह चुकी थी। शतदल की कोमल पंखुड़ियों में बन्द मधुकर अब चाहने पर भी उस मधुकर

बन्धन को व्यर्थ नहीं कर सकता था, अपनी नवीन प्रेमिका की बचकानी फरमाइशें पूरी करने में शंकर को एक अनोखा आनन्द आने लगा था—कभी चाकलेट, कभी नटीज, कभी हल्के-फुल्के उपन्यास। एक दिन तो वह अमानवीय दुःसाहस से बिना नकाब डाले ही उसे हैम बर्गर और सौफ्टी भी खिला लाया। फिर एक दिन तो उसके दुःसाहस ने मर्यादा की चरम सीमा का भी उल्लंघन कर दिया। सौदामिनी से किसी काल्पनिक कैबिनेट-मीटिंग का बहाना बना कोयल को लेकर कुकरैल के बीहड़ अरण्य में बाँहों के घेरे में बाँध दिन-भर घूमता रहा। यह उसके यौवन का अन्त नहीं, जैसे यौवन का आरम्भ था। दुर्भाग्य से सुकुमारी कोयल भी अपने उस व्यक्तित्वसम्पन्न प्रेमी के प्रेम में आकण्ठ डूब चुकी थी। इसी तरह न जाने कितने महीने बीत गए! एक तो प्रेम वैसे ही अन्धा होता है; किन्तु प्रौढ़ावस्था के प्रेम की चक्षुहीनता प्रायः असाध्य होती है। इधर सौदामिनी अपनी नई बन रही कोठी के व्यावसायिक रूप को सँवारने में लगी थी। जब वह बेचारी फ्लश की जंजीर और वाश-बेसिन के अरसिक संचालन में डूबी थी, शंकर जीवन की रस-तरंगों में डूब-उतरा रहा था। कभी-कभी सौदामिनी पति के खिले चेहरे को ईर्ष्यादग्ध दृष्टि से देखकर कहती, “लगता है, तुम पर अब जवानी चढ़ रही है! गोल्फ खेलना सचमुच ही तुम्हें माफिक आ रहा है!” पति कैसा गोल्फ खेल रहा है, वह बेचारी क्या जानती थी!

तब ही रस से लबालब छलकता शंकर के जीवन का वह मधुमात्र एक दिन स्वयं फूट गया।

“शंकर...” कोयल उस दिन उसके आते ही उसके गले में बाँहें डालकर सिसकने लगी।

“मुझे जिस बात का डर था, वही हुआ। आज मैं एक लेडी डॉक्टर के पास गई थी, शी सेज फिफ्टीन वीक्स, डैडी मुझे गोली से उड़ा देंगे। यू डौंट नो माय डैडी!”

एक क्षण के लिए शंकर का चेहरा सफेद पड़ गया। फिर पलक झपकते ही भविष्य की प्रत्येक अवांछनीय सम्भावना उसे चौकन्ना बना गई। शायद वह समझ गया था कि जरा भी पिघला तो अनर्थ हो जाएगा। एक ही झटके से कन्धे पर पड़ी पानी की बूँदें झटककर दूर फेंकनी होंगी।

“तो?” उसने बड़ी उदासीन हृदयहीन मुद्रा से पूछा।

“यू मस्ट डू समथिंग!” कोयल ने आँखें पोंछकर कहा।

"क्यों? मैं क्यों करूँगा? हाउ एम आई कनसर्न्ड? क्या मैं ही तुम्हारा एकमात्र ग्राहक हूँ?"

कोयल फटी-फटी आँखों से उसे देखती रह गई।

"क्यों मजाक कर रहे हो शंकर! मैं कसम खाती हूँ। जब से तुमसे मिली हूँ, मैंने किसी भी पुरुष का स्पर्श नहीं किया। मेरे डैडी..."

"भाड़ में जाएँ तुम्हारे डैडी! लड़की से पेशा करवाने से पहले नहीं सोचा तुम्हारे डैडी ने?"

और सिसकती कोयल को एक प्रकार से धकेलकर ही वह तेजी से बाहर निकल आया। सारी रात वह सो नहीं पाया।

बार-बार वे अश्रुसिक्त कपोल और भयभीत हिरणी की-सी वह विस्फारित दृष्टि उसे बींधती रही।

दूसरे ही दिन दिल्ली से किसी मीटिंग का बुलावा आ गया। बड़ी निश्चिन्तता से वह फिर उसी दिन पहली फ्लाइट से निकल आया। तीसरे दिन लौटा तो नित्य की भाँति अर्दली नये-पुराने अखबारों की मिश्रित गड्डी चाय के साथ मेज पर लगा गया। अचानक उसकी दृष्टि पहले पृष्ठ के कोने में छपी पंक्ति पर पड़ी :

—गोमती में वरिष्ठ अधिकारी की किशोरी पुत्री की लाश मिली। लगता है, मृत्यु का कारण आत्महत्या है। लाश पोस्टमार्टम के लिए भेज दी गई है।

शंकर का अपराधी, शंकित भीरु चित्त उसी क्षण हथकड़ियों में स्वयं जकड़ उसी के सम्मुख आत्मसमर्पण कर गया।

वह सिसकती छवि उसे बाहर-भीतर जाते क्रूर वधिकों की भाँति उसका पीछा करने लगी, "शंकर, मेरे डैडी मुझे गोली से उड़ा देंगे! यू डोण्ट नो हिम!" पानी में तैरती लाश के साथ ही जिस डैडी के नाम को वह सात तालों में बन्द कर छिपाती रहती थी, वह ऊपर तिर आया था। शंकर ने कभी स्वप्न में भी नहीं सोचा था कि उसकी ही अफसर बिरादरी के किसी संभ्रान्त सदस्य की पुत्री की मृत्यु का कारण वह स्वयं बनेगा। तभी एक और शंका उसे विचलित कर गई थी। कहीं कोई चिट्ठी-विट्ठी छोड़कर तो नहीं मरी थी अभागी? स्वयं तो डूब ही गई थी, कहीं ऐसा न हो कि उसकी ऊँची नौकरी को भी ले डूबे! उसकी आशंका व्यर्थ नहीं गई। पहले दिन समाचारपत्रों के प्रथम पृष्ठों के कोने में छपे उस आत्महत्या के संक्षिप्त समाचार ने देखते ही देखते विराट रूप ले लिया था। अन्तर्राष्ट्रीय महत्त्व के समाचार प्रदेश की उलझी राजनीति के

दाँवपेंच, सबकुछ उसी वरिष्ठ अफसरों की चरित्रहत्या के प्रसंगों के सम्मुख प्रत्येक महत्त्वपूर्ण समाचार फीका पड़कर रह गया। अखबार आता, तो लोग चील की तरह झपटते। किसी धारावाहिक उपन्यास की रोचक किस्त के प्रतीक्षारत पाठकों के-से ही अधैर्य से सबसे पहले वे उसी समाचार की चरन-चटनी को बड़ा रस ले-लेकर चाटते। फिर अनेक सर्वशक्तिसम्पन्न व्यक्तियों के नाम लपेट में आते देख, सतर्क प्रेस ने भी अपना पैंतरा बदल मानस का महान सत्य हृदयंगम कर लिया–'समरथ को नहिं दोष गुसाईं!' उस अस्पष्ट गुनगुनाहट में जो नाम सबसे प्रखर होकर उभरा, उसे सुनते ही व्यवहारकुशल सौदामिनी सतर्क हो गयी थी। बड़ी सूझबूझ से उसने ही डूबते पति को उस गहरी जलधारा से बाहर खींच किनारे पटका था। पटक तो दिया, किन्तु उस खींचतान ने पति-पत्नी के बीच सदा-सदा के लिए एक अभेद्य दीवार खड़ी कर दी थी।

यौवन का क्षमाशील चित्त ऐसी प्रवंचना से समझौता कर भी लेता है; किन्तु जब वर्षों का प्रौढ़ साहचर्य छला जाता है, तब उस छलना को क्षमा देना न पति के लिए सम्भव होता है, न पत्नी के लिए। दोनों के बीच बोलचाल भी लगभग बन्द हो चुकी थी। लोकलज्जा ही दोनों को निर्जीव यन्त्रचालित पुतलों की भाँति एकसाथ खाने की मेज पर आमने-सामने बिठाती, शयनकक्ष के एकान्त में मूँदती और फिर दिन-भर दोनों अपनी-अपनी राह पर निकल जाते। सन्ध्या को दोनों लौटकर मिलते तो घर में फिर मरघट का-सा सन्नाटा खिंच जाता। एक दिन शंकर दफ्तर से लौटा तो सौदामिनी नहीं थी। उसने नौकर को बुलाकर पूछा, "मेम साहिब नई कोठी से नहीं लौटीं क्या?"

"आज मेम साहिबा वहाँ नहीं गई थीं साहब! सुबह दस बजे ही कहीं चली गई थी..."

शंकर का डरा-सहमा मन अब केवल बुरी सम्भावनाओं के ही काल्पनिक जाल बुनने लगा था। कहीं मानसिक तनाव के कारण वह भी कुछ कर न बैठे, पर पत्नी के तन-मन की मजबूत काठी को वह खूब पहचानता था। भावुकता के क्षणिक आवेश में अभागिनी कोयल की-सी मूर्खता वह कभी नहीं कर सकती थी। बड़ी रात को सौदामिनी लौटी तो उसके सूखे चेहरे की तनी मुद्रा देख शंकर को पहले पत्नी पर तरस आया। पर इसी अहंकारी, स्वार्थी, धनलोलुप नारी ने तो उसकी यह दुर्दशा की थी। दोनों ने नित्य की भाँति एकसाथ निःशब्द खाना खाया, एकसाथ अगल-बगल लेटे, फिर नित्य की भाँति

बत्ती बुझा सौदामिनी ने अपना पलँग पति के पलँग से दूर खिसका लिया। वह लेट गया था, किन्तु तनी पत्नी बिस्तर पर ही बैठी थी। सहमे स्वर में शंकर ने पूछा, "क्यों, तबीयत ठीक नहीं है आज?"

उसके प्रश्न के साथ ही वह भूखी शेरनी-सी उस पर टूट पड़ी, "बेहया, बेशर्म, नाक झड़ नहीं जाती यह पूछते! मेरी तबीयत अब क्या ठीक होगी! यह लो, पढ़ो इसे! जानते हो, इस चिरकुट को वसूलने में मुझे मायके से मिला अपने पूरे हीरों का जड़ाऊ सेट बेचना पड़ा। मेरे सारे सेविंग सर्टिफिकेट, सारे युनिट, सब चले गए—पूरे बीस हजार लिए उस राक्षस ने।"

"किसने? कैसा चिरकुट?" इस बार भयग्रस्त शंकर उठकर बैठ गया।

"जिसने तुम्हें मधुबन के कुंज में पहुँचाया था। लो, पढ़ो इसे!" बटुए से तुड़ी-मुड़ी चिट्ठी निकाल उसने शंकर के मुँह पर दे मारी। बत्ती जलाते ही संक्षिप्त पत्र की गोलमोल कन्वेन्टी लिखावट पहचानने में उसे विलम्ब नहीं हुआ।

'शंकर!

'कहते हैं कि मरनेवाला कभी झूठ नहीं बोलता। जिस अजन्मी सन्तान को तुमने स्वीकार नहीं किया, उसे फिर और कौन स्वीकार करता? इसी से उसे साथ लेकर जा रही हूँ। वह सन्तान तुम्हारी ही थी शंकर! तुमसे परिचय होने के बाद मैंने किसी पुरुष का स्पर्श नहीं किया...।

कोयल,'

फिर पति के हाथों से वह चिट्ठी छीन, क्रोध से काँपती सौदामिनी ने चीथड़े-चीथड़े कर फेंक दी।

बड़ी रात तक उसकी सिसकियों से काँपती देह शंकर देखता रहा, फिर वह उठकर बाहर चला गया। दुर्दिन के ऐसे ही अवसाद के क्षणों की मार सहने के लिए उसने अपनी कैबिनेट में एक बोतल छिपाकर रखी थी। न जाने कब तक वह उस अकेले अँधेरे कमरे में बैठा, उसे घुटकता रहा। जब बड़ी देर बाद कमरे में लौटा तब नशे में अनिश्चित कदम डगमगा रहे थे। किसी तरह पलँग तक पहुँच वह लेट गया। बड़ी देर बाद सिर पर किसी का स्पर्श पा वह अचकचाकर जग गया। उसे लगा, उसके सिरहाने कोई खड़ा है। चतुर्दशी की धौत चन्द्रिका के स्पष्ट आलोक में पास खड़ी पतली नाइटी में पत्नी की छरहरी काया पहचानने में उसकी नशे की खुमारी में डूबी आँखों ने भी भूल नहीं की।

सुखद आश्चर्य से वह मुस्कराया। तब क्या जीवन की लज्जा, कलंक उन

दोनों को एक बार फिर पास खींच लाए थे? दोनों बाँहें फैलाकर उसने मदालय स्मित बिखेरकर कहा, "आओ, आओ सौदामिनी! मैं तुम्हें विश्वास दिलाता हूँ, मैं निर्दोष हूँ...आओ!"

"खबरदार जो मुझे छुआ!" वह छिटककर दूर खड़ी हो गई।

"शराबी कहीं के! कहते हो मैं निर्दोष हूँ, हत्यारा!" शायद वही सम्बोधन सुन शंकर का नशा हिरन हो गया।

'पाखंडी, देखो मैंने आज तुम्हारा आखिरी मुखौटा भी उतार दिया है, इतने सालों में आज मैं अपना बदला ले पाई हूँ!' साक्षात उग्र चण्डिका की-सी मुद्रा में उसने फिर अपनी दोनों बाँहें ऊपर उठा लीं। उसके एक हाथ में कैंची थी, दूसरे हाथ में थी पंखे की हवा में फहराती पति की निष्प्राण शिखा।

मरण सागर पारे

आज जब उनके संस्मरण लिपिबद्ध करने बैठी, तो न जाने कौन-सी प्रेरणा मुझे बहन के पूजागृह में टँगे उनके बड़े-से चित्र की ओर खींच ले गई। शायद यह लेखनी के ही अंतर्मन की प्रेरणा थी, मेरी नहीं। हो सकता है, वह गतिशील होने से पूर्व उस सरल चेहरे की एक-एक रेखा को कंठस्थ कराना चाह रही थी। एकदम वही चिरपरिचित स्निग्ध हँसी, उदार आँखों में अकपट वात्सल्य और अनुभव की झुर्रियों में न जाने कितने अनाथ हृदयों के कृतज्ञ हस्ताक्षर! कैसा बोलता, जीता-जागता चित्र था!

वैसे भी मेरी यह धारणा है कि जिसने जैसा जीवन जिया है, उसकी एक-एक रेखा उसके चित्र में उभर आती है, चाहे कुशल चितेरे का कैमरा या तूलिका अनचाही रेखाओं को कितनी ही मिटाना चाहे। जिसका हृदय निष्कपट है, उसका चित्र भी अवश्य ही उतना ही निष्कपट उतरता है, उतना ही स्वाभाविक—अर्थात अन्तरंग और बहिरंग समान् रूप से उज्ज्वल। ऐसे चित्र और उनके मॉडल प्रायः ही दुर्लभ होते हैं। कैमरामैनों को फोटो खींचने से पूर्व उन्हें फोटोग्राफरों का बहुप्रचलित अंग्रेजी आदेश 'चीज' (cheese) से सम्बद्ध नहीं होना पड़ता। यही कारण है कि संसार के सर्वश्रेष्ठ बहुचर्चित चित्र वे माने गए हैं, जिनमें मॉडल ही सहज निर्दोष स्वाभाविकतापूर्ण निश्छलता से उभरकर मुखरित हुई है। चित्र को दुबारा देखती हूँ, तो चेहरे की साधारण बनावट को उस अनोखे व्यक्तित्व की गरिमा जैसे किसी अदृश्य रबर से मिटाकर दूर फेंक देती है।

सौभाग्य से मेरे जीवन में परिचित का क्षेत्र अत्यन्त विस्तृत रहा। पिता की रियासती दीवानी ने शैशव से ही जीवन को अनेक व्यक्तित्वसम्पन्ना महिलाओं का सान्निध्य निरन्तर प्रदान किया। रानी-महारानियाँ, बेगमें,

राजकन्याएँ, राजमहलों के आमोद-उत्सवों में अतिथि बनकर आनेवाली प्रसिद्ध नृत्यांगनाएँ, गायिकाएँ, राजकुमारियों के पीछे-पीछे 'खम्भा-खम्भा' करती छाया-सी डोलनेवाली छत्र-चमरधारिणी सौराष्ट्री खवासिनें, पेशेदारिनें, उच्च आंग्ल समाज के रेजिडेंट-कमिश्नरों की पत्नियाँ, जिनकी चार-चार गिरही फिरंगी जूतियों की ऊँची एड़ियों की खटखट अभी भी कभी भूले-बिसरे दिवास्वप्नों के बीच सहसा चौंका देती है। कभी बुन्देलखंडी ड्योढ़ियों के संगमरमरी फर्श में बजते पैजनों की झंकार, खड्ग-सी तीखी राजपूती नासिका पर चमकती सोने की बुन्देलखंडी 'पुगनिया', ककरेजी कछौटे से झाँकती सुडौल गेहूँगोरी पिंडलियाँ लेखनी को सँवार जाती हैं, और कभी रामपुर के खास बाग के अन्दर महल में छापरखस-से चौड़े तख्तों पर अलसाई बिल्लियों-सी बदन तोड़ती, पेचदार गुड़गुड़ी में अम्बरी तम्बाकू के सुवासित छल्ले उड़ाती रोहिल्ला पठानियों के सतरंगी अबरकी दुपट्टे की स्मृति मुझे विह्वल कर जाती है। नारी के कितने रूप देखने का सुअवसर दिया ईश्वर ने, किन्तु सतरंगी रामधुन की छटा के बीच जो सरल-साधारण चेहरा सबसे अधिक प्रखरता से उभरता है, वह है बसन्ती दीदी का।

इसी साधारण चेहरे की असाधारण स्वामिनी ने मुझे जीवन का सबसे महत्त्वपूर्ण पाठ पढ़ाया—ऐसा पाठ, जो कंठस्थ करने में समय नहीं लेता; किन्तु जिसे साधकर, सही उत्तर लिखने में स्याही सदा फैल ही जाती है। एक बार जब उनके अनेक आश्रितों में से एक पढ़-लिख, योग्य बन विदेश हो आया और बैरिस्टर बन गया, तो बहुत वर्षों बाद मैंने किसी से उसके अतीत की कहानी सुनकर बसन्ती दीदी से कहा, "क्यों, बसन्ती दी, एक नौकर को तुमने पढ़ा-लिखाकर इतना योग्य बनाया, उसने तुम्हें कभी कुछ भेजा?"

"अरी चल हट, मैंने क्या उसे इसलिए पढ़ाया था कि वह मुझे कुछ भेजे! पर जब कभी भी आया, कुर्सी देने पर भी नहीं बैठा, खड़ा ही रहा।" उनका चेहरा कृतज्ञ भृत्य की नम्रता की स्मृति से स्निग्ध हो उठा।

"मैं उसकी जगह होती, तो तुम्हें सोने से मढ़ देती।" मैंने कहा।

"अरी, सोने से तो मैं तब ही मढ़ गई, जब सुना कि वह 'बेरिसेटर' बन गया। देख, एक बात मेरी गाँठ बाँध ले—किसी का भला करती है, तो कभी मुँह मत खोल, और न कभी यह आशा रख कि तुझे वह सोने से मढ़ेगा।" नेकी कर दरिया में डालने का पाठ तो उन्होंने पढ़ा दिया; किन्तु उस पाठ का शतांश भी मैं कभी जीवन में उतार न पाई।

मरण सागर पारे

बसन्ती दीदी से मेरे दो रिश्ते थे। दूसरा रिश्ता प्रथम परिचय के बहुत बाद बना, जब छोटी बहन उनकी पुत्रवधू बनी। उससे पूर्व वे मेरी एकमात्र ननद की जिठानी थी। मेरी ननद अल्प अवधि तक ही विवाह-सुख भोग सकी थीं; किन्तु उस अवधि में ही जिठानी ने मातृहीना देवरानी को जिस अपनत्व से अपनाया, यक्ष्मा की रोगिणी होने का सन्देह होने पर भी जिस स्नेह से उनकी दिन-रात सेवा की, उसके लिए हमारा कृतज्ञ परिवार वर्षों से ही उन्हें दिवंगता पुत्री की ही मान्यता देता चला आ रहा था। कुमाऊँ के ऐसे प्रत्येक पर्व पर, जिसमें पुत्री के लिए मायके के विशेष सौगात के साथ घृत-पकवान भेजे जाते हैं, उसी निष्ठा से वे भेजे जाते रहे, जैसे सगी पुत्री के लिए भेजे जाते हैं, इसी से जब मेरा विवाह हुआ, तो मेरे श्वसुर सबसे पहले मुझे अपनी इन्हीं दत्तक पुत्री के पास लाए थे। "बहू, इनके पैर छू! यह तेरी सगी नानज्यू (बड़ी ननद) हैं।"

आज भी उनकी वह प्रथम छवि किसी जराजीर्ण अलबम में लगे धूसर गोधूलवर्णी चित्र-सी आँखों में तिर उठती है। पृथुल चेहरा वैसा ही पृथुल शरीर, बीसियों सलवटें पड़ी म्लान साड़ी, किन्तु अम्लान चेहरे पर दिव्य हँसी, जो पहली ही झलक में किसी अपरिचित को भी परिचित के घेरे में बाँधकर अपना बना लेती थी। पास ही एक डलिया में उनका दुधमुँहा शिशु अँगूठा चूस रहा था। मुझे आश्चर्य हुआ था, क्योंकि उनका सद्यःमातृत्व उनके प्रौढ़ व्यक्तित्व से एकदम ही मेल नहीं खा रहा था। शायद मेरा आश्चर्य उन्होंने भाँप लिया। "देखो अंबिदा", उन्होंने मेरे श्वसुर से हँसकर कहा, "तुम्हारी बहू सोच रही है कि यह इस बुढ़िया का बेटा है या नाती! अरी, यह मेरी उन्नीसवीं सन्तान है!" और वे जोर से हँसीं। 'हे भगवान!' मैं आश्चर्य से अभिभूत हो गई, 'क्या सचमुच ही यह उनकी उन्नीसवीं सन्तान है!' किन्तु उन उन्नीस सन्तानों में अधिकांश ऐसी हैं, जिन्हें उन्होंने गर्भ में धारण न करने पर भी जननी के अकपट वात्सल्य से अपनाया है, यह मुझे घर लौटने पर पता लगा। उनके व्यक्तित्व के उस पहलू से जब मैं परिचित हुई तो उस अपढ़ वात्सल्यमयी के विराट परिवार-संचालन की अद्‌भुत महिमा मुझे दंग कर गई।

न जाने कितने अनाथ भानजे-भतीजियों, आत्मीय-अनात्मीयों के कल-कंठ से पूरा घर गूँज उठता। एक-एक कर न जाने किधर-किधर से बच्चे आ टपकने लगते! मिट्टी-लिपे चौके में कोयले की लक्ष्मण-रेखा खींच, एकवस्त्रा बनी बसन्ती दीदी अपने उस विचित्र अटाले का संचालन स्वयं कर, स्कूली भीड़

को जिमातीं। बड़ी-सी कड़ाहियाँ, उनसे भी बड़े पतीले और दीर्घ कलछुल! न जाने कितनी थालियों में चावल-दाल परोसते-परोसते बसन्ती दीदी कठोर अभिभाविका के आदेश देतीं, "अबके फेल हुआ छोकरे, तो पोलीटेकनीक में डाल दूँगी, समझा?...खबरदार जो एक रोटी का टुकड़ा भी बरबाद किया!" साक्षात अन्नपूर्णा के धैर्य से ही एक पंगत को जिमा, दूसरी को बैठाने का आदेश देतीं। उस वृहत् आयोजन के बीच भी उनकी पाककला-निपुण उँगलियाँ पहाड़ी व्यंजनों में न जाने कैसा अद्भुत रस टपकाती रहतीं! उनके हाथ के-से स्वादिष्ट 'सिंगल' और कुरकुरे 'खजूर' खाने का सौभाग्य मुझे फिर कभी नहीं मिला।

विवाह होकर ससुराल आई, तो वयस थी कुल ग्यारह वर्ष। भरा-पूरा संस्कारग्रस्त परिवार था। पति की उन दिनों की कप्तानी किसी भी अंश में आज की कमिश्नरी से कम नहीं थी। बालिका वधू ने कैशोर्य में कदम भी नहीं रखा था कि मृत्यु ने किसी अवांछित दुःसाहसी अतिथि की भाँति मरुत की गति से पूरे परिवार को प्रकंपित कर झकझोर दिया। जेठ-जिठानी की लगभग एकसाथ ही मृत्यु हुई और जिठानी अपनी क्षीण काया पुत्री दुर्गा को उन्हीं की गोद में डाल गईं। उस मातृहीन भतीजी पर उनका लाड़-प्यार स्वयं अपने में एक मिसाल था। इतने वर्षों बाद भी जब कभी वे मुझे उसके विवाह, पुत्रजन्म और मृत्यु की बातें सुनाने लगतीं तो आँखें छलछला आतीं। "अरी बड़ी 'मोहिली' (स्नेही) थी दुश्मन! जाने से पहले बस इतना ही कह सकी, 'इजा, इस अभागी को भी तू ऐसे ही छाती से लगा लेना, जैसे तूने मुझे लगाया था'।"

पर उस विराट छाती में क्या वही एक अभागा लगा था। उधर भाई-भाभी भी एकसाथ प्लेग की चपेट में आ गए। दुधमुँहा पुत्र मृत जननी के स्तन से लगा था। "मेरा खोटा भाग्य ही ऐसा रहा," वे ऐसी अपूर्व हँसी से चेहरा उद्भासित कर कहतीं, जैसे कोई चुटकुला सुना रही हों, "जो भी गया, जोड़ों में ही गया और मेरे लिए एक तोहफा छोड़ गया।" किन्तु उनका यही दुर्भाग्य तो उन अनाथ तोहफों का सौभाग्य बन गया। जिस अनाथ भतीजी को पाल-पोसकर कन्यादान किया वह भी चल बसी। उधर अपना परिवार भी विस्तृत हो चला था। अथर्ववेद में स्त्री का जो गृह-सम्राज्ञी-रूप उद्घोषित है, वही अब बसंती दी में पूर्ण रूप से मुखरित हो चुका था :

यथा सिन्धुर्नदीनां साम्राज्य सुषेवे वृषा।
एवा त्वं साम्राज्योधि पत्युरस्तं परेत्य च।।

उस वटवृक्ष की शीतल उदार छाया में अनेक नन्हे अनाथ पथिक आ-आकर सुस्ताने लगे थे। पितृकुल के ध्वंसावशेष से वे तीन भाइयों को भी अपनी ससुराल में बटोर लाईं। उस अद्भुत विश्रामगृह के संचालन में भी उनकी मौलिकता सजीव हो उठती थी। "बड़ी-सी कड़ाही में दूध खौला लेती थी", वे कहतीं, "और कतार में अपने-अपने गिलास लेकर सब बैठ जाते।" वह नन्हा नौकर भी, जिसे उसका क्रोधी पिता कई बार खींचकर घर ले जा चुका था और जो उतनी ही बार खोटे सिक्के-सा, मीलों की दुर्गम चढ़ाई पार करके उन्हीं के पास लौट आया था। "एक-एक कलछुल हर गिलास में डालती जातीं। बराबर न देतीं तो अभागे शंभु-निशंभु-से जूझ मरते। फिर कह देती, 'मरो, पियो अब।" किन्तु उस 'मरो' में जो 'जियो' का मौन सन्देश रहता, उसे वे नन्हें हृदय खूब समझते थे।

तीनों भाइयों को योग्य बना, वे उनकी गृहस्थी बसा चुकी थीं; किन्तु मृत्यु जैसे कमर बाँधकर उनका प्रत्येक विजयी दाँव विफल करने पर तुली थी। जहाँ किसी ललिता-पालिता कन्या के कन्यादान से मुक्ति पातीं कि मृत्यु तुरुप लगा उनके पत्ते अपनी ओर बटोर लेती। एक पुत्री को किडनी की असाध्य व्याधि खींच ले गई; दूसरी को कैन्सर; भतीजी को यक्ष्मा; भाई-भाभियों को यक्ष्मा, प्लेग की धूसर गोधूलि में ज्येष्ठा पुत्री का वैधव्य और अन्त में स्वयं के वैधव्य का असह्य दुख। किन्तु उस अद्भुत अक्लान्त महिला के चेहरे की एक भी रेखा को मैंने कभी म्लान होते नहीं देखा। अपने परिहास-रहित चित्त को उन्होंने विपत्ति के कठिन क्षणों में भी कभी नहीं खोया। "अरी, वह कविता पढ़ी है तूने? वह मेरे ही लिए लिखी गई थी।"

संध्या होते ही जब कभी वे अपने बहुरंगी जीवन के अतीत का बहीखाता खोलकर बैठतीं, तो पूरा घर जुट जाता। कुछ उनके किस्से सुनाने का अनोखा ढंग, कुछ स्वयं किस्सों का बोल, सहज कथानक हमें बाँध लेता। उनके वे अनूठे संस्मरण प्रायः लैंसडाउन के ही रहते, जहाँ सम्भवतः उनके जीवन के सबसे सुखद क्षण बीते। कैसे एक बार जब वे भैंसों के नीचे से गोबर बटोर रही थीं कि सहसा उनके पति के किसी अफसर की लम्ब-तड़ंगी मेम बटुआ झुलाती, अपना रेशमी 'गौन' सरसराती उनके सामने खड़ी हो गई। "अरी, मुझे तो साँप सूँघ गया। हो न हो, यह वही मेम है, जो कई बार 'भुवन के बाबू' से कह चुकी थी कि हमें अपनी मेम से मिलाओ।" "तुम्हारा मेमसाहब किडर है?" उस मेम ने पूछा और तत्काल बंसती दी ने घूँघट खींच, उन्हें जो समझा

गयी थी, उसी के अपूर्व अभिनय से दबंग फिरंगिन मैम को पलक झपकाते ही उसी दिशा में प्रत्यावर्तित कर दिया, जहाँ से वह आई थी। "हुजूर, हमारा मेमसाहब, साब के साथ घूमने गया।"...ठीक ही तो था, बेचारी मुझे आया न समझती तो क्या रानी-महारानी समझती? दोनों हाथ गोबर से सने थे। साड़ी घुटनों तक समेटे थी। उस पर सुबह से चोटी-कंघी करने की फुरसत ही कहाँ मिली थी!

और फिर उसका एक बेजोड़ संस्मरण, जो कई बार उनसे सुनने पर भी सर्वथा नवीन लगता था। "अरी, लैंस डौन की मेरी एक पड़ोसन थी ललाइन। उसके लाला थे जीभ के चटोरे। सुबह हुई नहीं कि मरी जप में विघ्न डाल देती थी, किसका मन लगता था फिर जप में! कभी असली घी में बन रहे पराँठों की सुगन्ध, तो कभी सूजी की सोंधी लपट। कभी हींग-मेथी की बघार का धुआँ, तो कभी उड़द के बड़ों की छन्न-छन्न। इधर मैं 'विष्णु-विष्णु!' कर आचमन लेती, उधर ललाइन गर्म घी में दुश्मन-सा मालपुआ छोड़ देती।

" ललाइन अत्यन्त पतिपरायणा, धर्मभीरु स्त्री थी। पति का हाजमा बहुत सुविधा का न होने पर भी वह पति की प्रत्येक गरिष्ठ फरमाइश का तत्काल पालन करती। उसका लगभग सारा दिन ही चौके में बीतता। फिर अचानक एक दिन उस चौके से विभिन्न व्यंजनों की सुगन्ध-भरी धूम्ररेखा स्वयं विलीन हो गई। न लाला बाहर निकलते, न ललाइन। बीच-बीच में लाला की क्षीण कराह का स्वर सुनकर बसन्ती दी व्याकुल हो उठतीं, मैं सोचती, क्या हो गया लाला को? यह तो ठीक ऐसे कराह रहे हैं, जैसे मरे को 'पीड़' (प्रसव- वेदना) उठ रही हो।" लाला की उपस्थिति में वे अपनी सहेली के घर नहीं जाती थीं। नौकर ने ही बताया कि लालाजी के पेट में दर्द उठा है। तीन-चार दिन तक लाला का उदरशूल-पर्व चला, फिर पाँचवें दिन अचानक ललाइन के हाथ के बने क्रोशिया के मेज-पोश से ढँके बड़े-बड़े चाँदी के थालों में ढाल-से बताशे और बमगोले-से मोतीचूर के लड्डू पड़ोस में बाँटने नौकर निकला। बसन्ती दीदी ललाइन की अन्तरंग सखी थीं, इस प्रोटोकोल के अनुसार पहला थाल उन्हीं के यहाँ आया।

"अरी मेरा तो कलेजा धक् हो गया।" अपने चेहरे को किसी पेशेवर दरबारी विदूषक के परिहास से उद्भासित कर बसन्ती दीदी कहतीं, "अरी, कलजुग तो है ही, मरे को दरद भी उठ रहे थे, हो न हो बेटा जना है लाला ने। क्या हुआ है रे? बताता क्यों नहीं, कैसी मिठाई बाँट रही है तेरी

मालकिन?" मैंने उस बजरबट्टू-से नौकर से पूछा; पर वह हरामी मुसकियाने लगा। मुझे तो अब भारी अकुलाहट हो आई। दौड़कर छज्जे से झाँका, खाँसा-खखारा, ताली बजाई, पर ललाइन नहीं निकली। आखिर मैंने उसकी छत पर अपना लोटा लुढ़का दिया। ललाइन पल-भर को बदली से छिटकी पहाड़ी धूप-सी बाहर निकली। 'अरी, क्या हुआ, क्यों मिठाई बाँट रही है? शरमा क्यों रही है इतना?' अब तो मुझे पक्का विश्वास हो गया कि लाला सौर में है। कैसी लाल पड़ रही थी बेचारी! 'क्यों, बता न?' मेरा धड़कता कलेजा सलूके से धड़फड़ाकर बाहर निकला जा रहा था। लग रहा था, अब कहेगी—लाला ने बेटा जना है, पर वह हरामज़ादी भी अपने उसी नौकर की तरह मुसकियाई, फिर आँचल से मुँह सटाकर धीरे-धीरे बोली, 'लालाजी की हवा खुल गई।' "

और फिर बसन्ती दीदी की मुँह में आँचल रख 'लालाजी की हवा खुल गई' कहने की अद्भुत मिमिकरी से हमारे राशिभूत अट्टहास फानूस में जल रहे दीपक की लौ को भी प्रकम्पित कर जाता।

तीन वर्ष पूर्व विपत्ति के कठिन क्षणों में इस पंक्ति की सार्थकता सहसा स्पष्ट हो उठी थी—स्त्रीणां विपत्प्रतीकारे स्त्रियं एवावलबनम्। सचमुच स्त्री ही स्त्री का विपत्ति से उद्धार करती है, पुरुष नहीं। नारी का नारी पर यही अटूट विश्वास मुझे उसी वटवृक्ष की उदार छाया में सुस्ताने खींच ले गया था। मैं अस्वस्थ पति को लेकर उन्हीं की शरण में गई थी। चार-पाँच महीने की सुदीर्घ अवधि तक मुझे उनके पास रहना पड़ा। छोटी बहन की ससुराल में रहने का संकोच मुझे प्रतिपल धरातल में धँसा रहा था। और एक दिन जब वही विवशता अश्रुधारा के साथ उनके सम्मुख बिखर गई, तो वे बरस पड़ीं, "शर्म नहीं आती तुझे? यह क्या तेरी बहन की ही ससुराल है? अरी, तेरी बहन के इस घर में आने के पैंतीस साल पहले जो तेरा पति इस घर में मुझे सगी बहन मान बीसियों बार बग्वाली (भाई दूज) का टीका करा गया है, वह क्या भूल गई है तू? खबरदार, जो अब ऐसी बात जबान पर लाई!"

और फिर, पति के स्वस्थ होने पर भी घर लौटने के मेरे दुराग्रह को वे अपने दुलार-भरे आग्रह से पराजित कर देतीं। "कल अमावस है।" "अब नवरात्रि छोड़कर कैसे जाओगी?" या "भद्रा के दिन बीमार पति को लेकर कैसे जा सकती है तू?" पर अन्त में एक दिन उसने विदा लेनी ही पड़ी। जाने के तीन दिन पूर्व उन्होंने मुझे अपनी दिव्यदृष्टि का जो अद्भुत परिचय दिया, उसका रहस्य आज तक नहीं समझ पाई।

"अरी सुन, जब जा रही है तो एक बात कहूँ!"

"कहिए।" मेरे सशंकित चित्त की प्रत्येक धड़कन कानों में बज रही थी।

उनके विपण्ण चेहरे की एक-एक झुर्री को उनके उदार हृदय की समस्त सहानुभूति अपने दग्ध पिघले लावे से एक पल को स्याह बना गई। "सब कह तो रहे हैं, यह ठीक हो गया है, पर मुझे ठीक ही नहीं लग रहा है। कैसे चन्दन-सा रंग था इसका, और देखती नहीं, एकदम काला पड़कर रह गया है! जब ऐसे गोरे रंग पर ऐसी स्याही फुँकती है, तो समझ लो..." उन्होंने फिर वाक्य अधूरा ही छोड़ मेरा हाथ थाम लिया।

मैं काँप गई। मृत्यु से जिसका परिचय इतना घनिष्ठ था, उस छलनामयी की पदचाप को जिसने एक नहीं, अनेक बार सुना था, क्या वह कभी उसे पहचानने में भूल कर सकती थी? जो उनके विराट् साम्राज्य के अनेक सदस्यों को बाज की भाँति झपट्टा मारकर उन्हीं की आँखों के सामने दबोच ले गई थी, उसे मेरे जीवनाकाश की निरभ्रता के बीच मँडराते शायद उन्होंने उसी क्षण देख लिया था।

कुछ ही दिनों बाद मैं एक विवाह में सम्मिलित होने गई। शरीर और मन दोनों में इतनी शक्ति नहीं रह गई थी कि नैनीताल जाकर हम दोनों बसन्ती दीदी से मिल आएँ। फिर शायद उन्हीं की स्नेहडोर हमें खींच ले गई। मुझे देखते ही उन्होंने बाँहों में भर लिया, "अरी, जानती थी, जानती थी, तू बिना मुझसे मिले कभी लौट नहीं पाएगी।" उस एक ही रात्रि में उन्होंने न जाने कितनी बार मेरे म्लान मन को गुदगुदाया, हँसाया।

चलने लगी तो मैंने पैर छुए। उनकी अश्रुपूरित मूक दृष्टि जैसे फिर उसी चेतावनी से मुझे कँपा गई, 'अरी, सब कहते तो हैं, यह ठीक हो गया पर...' तीखा उतार उतरते-उतरते मैंने फिर एक बार मुड़कर देखा। अपनी खिड़की से चिबुक टिकाए वे एकटक हमें देख रही थीं, जैसे जान गई थीं कि मेरे साथ उतरनेवाला अब फिर कभी वह चढ़ाई चढ़ने नहीं लौट पाएगा।

चलते-चलते उन्होंने अपनी गुदगुदी हथेली से मेरा हाथ दाबा-भर था। आज उस स्पर्श की स्मृति ही शेष है। अपनी असंख्य सन्तानों में से अन्तिम अनाथ भतीजी का कन्यादान कर उन्होंने अपने इन शब्दों का पालन किया—"इसे ब्याहकर गंगा नहा लूँ, फिर चैन से आँखें मूँद लूँगी।"

पर कैसे भाग्यवती जननी ने आँखें मूँदी थीं, जिसकी मृत्यु ने केवल उसी के पुत्र-पुत्रियों को अनाथ नहीं किया, अनाथ किया उन उन्नीस सन्तानों को,

जिन्होंने अपनी जननी खोकर उस वात्सल्यमयी उदार नारी की गोद में खोई माँ का वात्सल्य पाया था। शायद ऐसे ही अमर प्राणों के लिए रवीन्द्रनाथ ने यह पंक्ति लिखी थी :

'मरण सागर पारे
तोमार अमर तोमादेर स्मरि।'

—मरण-सागर के पार भी तुम अमर हो; हम तुम्हारा स्मरण करते हैं।

गजदन्त

लक्ष्मी के कटाक्ष की महिमा आज इतने वर्षों बाद समझ पाई हूँ। चाहने पर, निश्चय ही श्रीपतिप्रिया, कामदेव के कठिन बाणों को व्यर्थ सिद्ध कर सकती है। ऐसा नहीं होता, तो क्या उस विकट प्रणय-ज्वर का रोगी गिरीन्द्र, घातक स्मरगरल पान कर भी, लक्ष्मी का वरदहस्त थामते ही ऐसे लहलहा उठता!

उस वर्ष, शायद नियति की तर्जनी का आदेश ही उसे मेरे पास, उसकी नई नौकरी का पहला अवकाश बिताने खींच लाया था। एक तो गर्मियों में, नैनीताल का प्रत्येक गृह अतिथियों से भरा रहता है, उस पर मेरा बंगला तो उनके लिए विशेष आकर्षण का केन्द्रबिन्दु था। अंयारपाटा के प्राकृतिक कुहासे से घिरे अपने उस आवास की स्मृति अब भी बीच-बीच में मुझे विह्वल कर उठती है। एक ओर चायनापीक की उत्तुंग चोटी, दूसरी ओर जगमगाती बत्तियों के साथ किसी अज्ञात बन्दरगाह पर लंगर डाले जहाज-सा खड़ा बिड़ला विद्यामन्दिर, सुदूर नैनादेवी के मन्दिर की ठुनकती घंटियाँ, और अंयार की वह अनोखी बयार, मेरे आत्मीय स्वजनों को, प्रतिवर्ष खींच लाती। उस बार भी मेरे यहाँ पूर्ण कुम्भ जुटा था, इसी से मैंने निम्मी को, अपना हाथ बँटाने बुला लिया था। मैं जब भी उसे बुलाती, उसकी माँ उसे सहर्ष भेज देती—'तुम्हारे पास दस-बीस दिन रह लेती है तो लड़की का चेहरा निखर आता है, घर पर तो दो जून खाना भी नहीं जुटता अभागी को...!'

निम्मी की माँ तारा, मेरे दूर के सम्पर्क की ममेरी बहन थी। कभी सात-आठ थान गाय-भैंस, मकान-दुकान सबकुछ था, किन्तु धीरे-धीरे उसके पति का विलासी स्वभाव उसे पथ की भिखारिणी बना गया था। जब पिता ने पुत्र की गतिविधि देखी, तो उसे बाँधने सुन्दरी तारा से फेरे फिरवा, चाय की दुकान खोल दी। किन्तु दुकान पर भी रसप्रिया ग्राहिकाओं की ही भीड़ जुटने लगी।

बिना पैसों के ही, ग्राम की तरुणी विधवाओं और अनब्याही किशोरियों के कंठ सिक्त होने लगे, और एक दिन तारा के वृद्ध श्वसुर के पीड़ित हृदय के साथ-साथ, पति की दुकान भी बैठ गई। फिर उसके मनचले पति ने, डेली पैसेंजरी का सर्वथा मौलिक धन्धा अपनाया। नित्य अलमोड़ा जाता गुड़, चाय, साबुन, मिश्री थैलों में लाता और घर पहुँचाता। पर कुछ ही महीनों में फिर नारी की नित्य नवीन फरमाइशों ने, पुरुष के दुर्बल चित्त को पराजित कर दिया। टिकुली, रंगीन फुंदे और सुवासित केश तैल पुनः महाऔदार्य से निःशुल्क वितरित होने लगा। दो पुत्रियों का पिता बन जाने पर भी, उसके निरंकुश स्वेच्छाचारी जीवन में कोई परिवर्तन नहीं हुआ। किन्तु जितने ही अकर्मण्य मेरे बहनोई थे, उतनी ही कर्मठ थी मेरी बहन तारा। उसी ने अमानवीय धैर्य से, बन्धक धरे खेत छुड़ाए, बैलों की जोड़ी ली और रिक्त खूँटे से एक अधेड़-सी गाय भी पाल ली। उसी की बड़ी पुत्री निम्मी अब सत्रह वर्ष की हो चुकी थी। देखने में, ढोलक लेकर सोहर-बन्ने गाने में, चौक पूर अल्पना देने में, वह बेजोड़ थी, किन्तु स्वास्थ्य की पूँजी थी अत्यन्त सीमित। 'तुमने बड़े पुण्य किए हैं, तारा,' मैं कहती—'लड़की की यही गढ़न रही हो, सात-आठ साल तक, तुम इसके विवाह की चिन्ता से, दूर रह सकती हो।' 'ठीक ही कह रही हो दीदी' वह एक लम्बी साँस खींचकर कहती—'पर हमारे समाज को तो तुम जानती ही हो। पराई अनब्याही बेटियों की उम्र तो उनके जिह्वाग्र पर रहती है।'

जितने दिन भी निम्मी मेरे पास रहती, मैं गृहकार्य से जीवनमुक्ति-सी पा लेती। मेरे उठने से भी पहले, वह न जाने कब उठ, नहा-धो चाय का पानी चढ़ा देती। कौन अतिथि, कलई का गर्म गिलास थामता है, किसे ट्रे का आडम्बर पसन्द है, सब उसे कंठस्थ रहता। इधर सबकी बेड-टी निबटती, उधर वह टोस्ट सेंक, अंडे उबाल, नाश्ते का आयोजन कर डालती। उस पर्व को भी कुशलता से निबटा, स्वयं ही सब्जी काट-छौंक, दाल चढ़ा, चावल बीनने बैठ जाती। जब हम खाना खा लॉन में पहाड़ की क्षण स्थायी धूप का आनन्द लेने बैठते, वह अपना कोई अधबुना स्वेटर या मोजा लेकर सींकें खटखटाने लगती। लगता था, विधाता ने उस परिश्रमी किशोरी का एक-एक पल पूर्वनियोजित कर, उसे सिखा-पढ़ा दिया है। उसी वर्ष उसने हाईस्कूल की परीक्षा दी थी, इसी से परीक्षा के परिश्रम ने कमनीय चेहरे की कान्ति को मलिन कर दिया था। फिर भी, उजड़ जाने पर भी दिल्ली, दिल्ली ही थी। उस साल ठंड बेहद थी और उसके पास पहाड़ी ऊन का एक खुरदुरा-सा कार्डिगन ही था, इसी से

मैंने उसे अपना एक काला शॉल निकालकर दे दिया। उसे ही ढाँप-ढूँप वह चूल्हे के पास रोटी सेंकने बैठी तो मैं उसे देखती ही रह गई।। शॉल का जीर्ण कलेवर भी, जैसे उसकी लावण्य-द्युति से नवीन हो उठा था। इधर मैं जान-बूझकर ही, उसे जनेऊ, शादी, मुंडन में निमन्त्रणों में साथ ले जाती थी। उसकी माँ ने मुझसे बार-बार कहा था, कि कहीं भी कोई सुपात्र दिखे तो उसे सूचित करूँ। उसका रूप निश्चय ही देखनेवालियों का कुतूहल जाग्रत कर देगा। होता भी ऐसा ही। महिलाओं के नाना प्रश्न मुझे बींध देते। 'कौन है जी यह? किसकी बिटिया है?'

और जहाँ मैं उसके अभागे जनक का नाम बताती, एक साथ ही कुतूहल में उठी बीसियों भृकुटियाँ नीचे झुक जातीं। कौन नहीं जानता था उस रूपपिपासु आदमखोर को! कॉर्बेटवाले क्रूर नरभक्षी से क्या वह किसी अंश में कुछ कम था? एक बार तो सुना, बाड़ेखोला की डोमनियाँ उसकी तीखी नाक ही काटने जा रही थीं। किसी दयालु पुरोहित ने, बीचबचाव कर उसे छुड़ा लिया था। उस निरीह किशोरी का विवाहाकाश गहन मेघखंडों से आच्छन्न था, पर तब ही उस धूमकेतु के क्षणिक प्रकाशपुंज ने उस दुर्भेद्य अन्धकार को चीर मुझे चौंधिया दिया था। उसका सौभाग्य कहूँ या दुर्भाग्य, बेचारी को एक दिन नजले ने पकड़ लिया, फिर हो गया निमोनिया। गिरीन्द्र ने उसी वर्ष अपनी हाउस-सर्जनी का कार्य सँभाला था। नया-नया मुल्ला था इसी से शायद नमाज में दुहरा होता चला गया। कभी उसे सुई लगाता, कभी टेम्परेचर लेता, कभी अकारण ही पसलियाँ खटखटाता और कभी बाँहों का सहारा दे उसे ग्लूकोज़ पिलाता। 'मामी, ये बेहद ऐनिमिक हैं, लखनऊ जाते ही मैं इनके लिए विटैमिन की गोलियाँ भेजूँगा।' वह कहता और मैं मुँह छिपाकर हँस लेती। जी में आता कह दूँ—'अब तुझे लखनऊ पहुँचकर गोलियाँ नहीं भेजनी होंगी, गिरीन्द्र, देखता ही नहीं, तेरा स्पर्श पाते ही तो अदृश्य विटैमिनों का अबीर उसके सुचिक्कन कपोलों को रँग जाता है। इससे बढ़कर भला संसार का और कौन-सा विटैमिन हो सकता है?' सातवें दिन बुखार उतर गया, और फिर एक दिन वह बड़े उत्साह से कहने लगा—'मामीजी, कहें तो इन्हें थोड़ा घुमा लाऊँ, टहलने से थोड़ा बदलाव भी हो जाएगा।' मेरे अधरों पर, यत्न से छिपाए जाने पर भी, छलक आए स्मित को देख, वह सहसा खिसिया गया। 'हाँ-हाँ,' मैंने कहा—'घूम आ निम्मी, शॉल ओढ़कर जाना, समझी?' और जब वह मेरे ही घातक आदेश का पालन करती काले शॉल में अपना सफेद चेहरा ढाँप गिरीन्द्र के साथ

पगडंडी उतरने लगी, तब स्वयं मेरी अन्तरात्मा ही मुझे धिक्कार उठी। छिः-छिः, यह कैसा बचपना था मेरा! सबकुछ जान-बूझकर भी, मैं अभागिनी को, सब्ज-बाग क्यों दिखा रही थी? क्या मैं अपनी महत्त्वाकांक्षिणी ननद को नहीं पहचानती थी? अपने इस इकलौते सुदर्शन पुत्र को लेकर, वह तो इसके जन्म से ही उसके और अपने भविष्य का सुनहला जाल बुन रही थी। प्रतिष्ठा, सत्ता, वैभव और कीर्ति के छलनामय आकर्षण का मोतियाबिन्द, अब पूर्ण रूप से उसकी आँखों की ज्योति छीन चुका था। जो अपनी एक मध्यमवर्गीय क्लर्क से ब्याहे जाने की व्यथा को, अपने तेजस्वी सौन्दर्य की पराजय की मर्मान्तक वेदना को, किसी समृद्ध परिवार की राजकन्या को बहू बनाकर भूलना चाहती थी, उसे क्या मेरी दरिद्र भतीजी का सौन्दर्य बाँध पाएगा? फिर, क्या जीवन के लम्बे अनुभव ने मुझे यह नहीं सिखा दिया था कि कर्त्तव्य और प्रेम के कठिन संघर्ष में कोई विरला ही प्रेम का कंटकाकीर्ण पथ चुन पाता है फिर भी जान-बूझकर मैं उस कानकौवेबाज दुस्साहसी बालक की भाँति उन्हें ढील देती रही, जो यह जानकर भी कि उसकी डोर बहुत छोटी है, और उसे शीघ्र ही पतंग नीचे खींचनी होगी, ढील पर ढील दिए चला जाता है, हुआ वही जो ऐसी अवस्था में होता है, डोरसहित पतंग भी मेरे हाथ से निकल गई। दोनों नित्य एक ही जनशून्य पगडंडी का सूत्र पकड़कर उतरते और दिन डूबे लौटते। एक दिन मैं खिड़की पर खड़ी थी। कुहरे और साँझ के धुँधलके में, वे दोनों शायद मुझे देख नहीं पाए। निम्मी का हाथ पकड़, गिरीन्द्र उसे ऊँची-ऊँची पगडंडी फँदा रहा था। अचानक उसने न जाने क्या कहा, और वह खिल-खिलाकर हँस पड़ी। मैंने उसकी ऐसी उन्मुक्त खिलखिलाहट पहले कभी नहीं सुनी थी। मुझे अनायास ही उन पंक्तियों का स्मरण हो आया—

किसलयसुकुमारं, पाणिमालम्ब्य देव्याः
विविधरतिस खीभिः संकथाभिर्दिनान्ते।

जब श्रीराम, सीता का किसलय-सुकुमार हाथ पकड़े गोदावरी तट पर टहलते थे और 'स्तुत पयसि तटिन्याः सैकते चङ्क्रमस्य' उनकी पदचाप रेत पर गहरी रेखाएँ छोड़ जाती थीं। क्या पता आज भी उस जनशून्य पगडंडी पर दोनों की अमिट पदचाप अंकित हो! इधर गिरीन्द्र की छुट्टियाँ खत्म हो चली थीं और जाने के पहले दिन तो दोनों ने जैसे नाक ही काटकर जेब में डाल ली थी। रात के आठ बजे लौटे तो मेरा चेहरा क्रोध से तमतमाया देख निम्मी चुपचाप चौके में घुस गई। मैं कुछ भी नहीं ली, किन्तु मैंने मन-ही-मन

निश्चय कर लिया था, जैसे भी हो, जाने से पहले, छोकरे से ठीकठाक पूछ, ललिता को चिट्‌ठी लिखनी ही होगी। किन्तु मेरे उससे कुछ कहने का प्रश्न ही नहीं उठा। रात को वह स्वयं ही मेरे कमरे में आ, ड्रेसिंग टेबल के सामने खड़ा हो, कभी टेढ़ी और कभी सीधी माँगें निकाल-निकाल उनका अस्तित्व मिटाने लगा। स्पष्ट था कि इस व्यर्थ केश-सज्जा के माध्यम से ही मुझसे कुछ कहना चाह रहा है, पर कह नहीं पा रहा है।

'क्या बात है गिरीन्द्र,' मैंने कहा—'क्यों, तुम्हारी माँ को लिख दूँ?'

'मतलब? क्या लिख दूँ कह रही हो?' उसके अनजान बनने की चेष्टा, उसके आनन्दी स्मित के साथ ही उसकी नुकीली मूँछों को आर्द्र कर गई।

'बनो मत भानजे,' मैंने कहा—'कल जब निम्मी तुम्हें कोट थमा रही थी, लज्जा, समर्पण और असहायता की त्रिवेणी का संगम न देख पाती, ऐसी मूर्ख नहीं हूँ मैं, समझे? आख़िर बीस साल से अपने उपन्यास-कहानियों में तुम जैसे सैकड़ों जोड़ों को अपनी लेखनी से हाँककर चरा चुकी हूँ पर सुनो गिरीन्द्र, तुम्हारी माँ को मैं जानती हूँ। वह कभी इस रिश्ते के लिए राजी नहीं होगी।'

'क्यों?' उसका दयनीय चेहरा देख मुझे तरस आ गया। 'इसलिए कि तुम्हारे दुर्भाग्य से निम्मी के पिता के वैभव का ही नहीं, चरित्र का पलड़ा भी झुका ही हुआ है।'

'तुम क्या सोचती हो, मैं पैसे के लिए विवाह करूँगा!' वह तुनक गया।

'मैं क्यों सोचूँगी गिरीन्द्र, पर तुम्हारी माँ ने तुम्हारे जन्म से पहले ही ऐसा सोच लिया है।'

'तुम्हें कैसे पता?'

'क्योंकि उन्होंने एक नहीं अनेक बार मुझसे कहा है कि जब भी बहू लाएँगी, ठोक-पीटकर ऐसे गृह की कन्या लाएँगी जहाँ लक्ष्मी स्थिर आसन लगाकर विराजमान हों।'

'तुम अम्मा को सब समझाकर लिख दो ना, मामी।'

'क्या समझाकर?' मैंने जान-बूझकर ही उसे छेड़ दिया।

'यही सब...' और वह फिर लड़कियों की भाँति लजाता लाल पड़ गया।

मेरा पत्र और गिरीन्द्र शायद एक ही डाकगाड़ी से निकले होंगे।

उत्तर भी मुझे समय से ही मिला था, किन्तु पत्र की कटु भाषा में यदि जलाने की शक्ति होती तो मैं निश्चय ही झुलस जाती। पत्र क्या था जिसे शायद जान-बूझकर ही मुझे अपने दुस्साहसी प्रस्ताव सहित भस्म करने भेजा

गया था।

'छिः-छिः, तुमसे मुझे ऐसी आशा नहीं थी, भाभी! और कोई नहीं मिला तुम्हें? वह नकट्टे रमेश की बिटिया रह गई थी मेरे लिए! तुम्हें तो पता है, अभागे ने शादी से पहले मुझे कैसी-कैसी नंगी चिट्ठियाँ लिख मारी थीं। तुम कहती हो, गिरीन्द्र को लड़की बेहद पसन्द है, अपने ये प्रणय-प्रसंग अपने कथानकों तक ही सीमित रखो, समझी?' मैंने गुस्से में भुनभुनाकर चिट्ठी फाड़ दी। तीन महीने तक मुझे फिर उनकी कोई खबर नहीं मिली। चौथे महीने वह तार मिला—'फौरन चली आओ!'... मेरे ननदोई रक्तचाप के पुराने मरीज़ थे, कहीं कुछ स्ट्रोक तो नहीं पड़ गया! मैं भागती-भागती गई।

'मैं जानती थी तुम अवश्य आओगी!' ललिता ने मुझे बाँहों में भर लिया—'बड़ी ऊँची जगह से गिरीन्द्र का रिश्ता आया है। कलकत्ता के पास रहते हैं वर्षों से। प्रवासी पहाड़ी परिवार है, लाखों का कारोबार है, सम्बद्ध समृद्धि सब एकदम ऊँची, उस पर इकलौती पुत्री है। सोचा, मैं लड़के को लेकर गई तो सहज रूप से खुल नहीं पाएगा। तुम्हें मानता भी बहुत है।' एक ही साँस में सबकुछ उगल ललिता बुरी तरह हाँफने लगी थी। न चाहने पर भी व्यंग्य से मेरे अधर तिलमिला उठे—'मानता तो बहुत है, मानता तो ऐसी बेरुखी से मेरी दरिद्र भतीजी का रिश्ता फेर देता?'

'ओह, लगता है, तुम अभी भी उस सड़बिल्लेर युवा की बिटिया की बात भूली नहीं हो! फिर वह कौन तुम्हारी सगी भतीजी है जी!' क्षणभर पूर्व की स्नेह-सौजन्यमयी मेरी ननद सहसा कलहप्रिया रणचण्डी बन गई—

'सोचा था, तुम बंगाल में बहुत रही हो, उनके अदब-कायदे जानती हो, फिर एक बात और भी थी...'

इस बार उसके प्रस्ताव के दुर्बल पक्ष ने सहसा उसकी वाणी को निस्तेज बना दिया।

'क्या?'

'लड़की देखने में साधारण है, कुछ अंग-दोष भी है शायद...' वह फुसफुसाई।

'क्यों, लँगड़ी है या कानी?' न चाहने पर भी दो दिन पूर्व बस-स्टेशन पर मुझे छोड़ने आई भीतीजी के म्लान अवसन्न चेहरे की स्मृति मुझे कर्कशा बना रही थी।

'तुम क्या सोचती हो जी! मैं क्या गिरीन्द्र की सौतेली माँ हूँ, जो उसके

लिए कानी-लूली लड़की लाऊँगी? वह तो सुना है कि जरा दाँत ऊँचे हैं, इसी से तुम्हें बुलाया था। कहानियाँ लिखती हो और नायिका का ऐसा सुन्दर वर्णन करती हो, निश्चय ही...'

मैंने इस बार भुनभुनाकर उसे बीच ही में रोक दिया—'वाह, खूब कही, कहानियाँ लिखती हूँ तो क्या अपनी लेखनी से तुम्हारी भावी पुत्रवधू के ऊँचे दाँत भी भीतर ठूँस सकती हूँ? मेरी लेखनी केवल काल्पनिक नायिका का ही सौन्दर्य सँवारती है। ललिता, यथार्थ को सँवारने की शक्ति विधाता ने मुझे नहीं दी।'

'मेरा मतलब तुम समझी नहीं,' उसका गला सचमुच ही रुँध गया—'मैं चाहती हूँ, उसी अपनी भाषा में उसे समझा-बुझाकर यह कह दो कि लड़की बहुत अच्छी है। सूरत-शकल कितने दिन टिकती है! अब अपनी किशोरी मौसी को ही ले लो ना, जवानी में कैसा नूर था चेहरे पर, पर जब अधेड़ हुईं तो मक्खियाँ भिनकने लगीं।'

'हटो जी, मुझे तो अभी अपनी मौसी उतनी ही सुन्दर लगती हैं।' मैंने कहा।

पर अन्त तक नाना तर्क-वितर्कों के भँवरजाल में डगमगाती, भानजे की भाग्यतरणी की कर्णधार बनी मैं ही उसे ठाकुरग्राम ले गई थी। कलकत्ता से सौ मील की दूरी पर बसा ठाकुरग्राम नाम से ही ग्राम था, वैभव में किसी भी शहर के वैभव को फीका कर सकता था। सियालदह में जोशीजी अपनी इम्पाला गाड़ी लेकर स्वयं हमारी अगवानी करने को उपस्थित थे। उनकी वेशभूषा, उनका आंग्ल उच्चारण एकदम त्रुटिहीन था, पग-पग पर हमें अपने आभिजात्य, वैभव, पद-प्रतिष्ठा से अवगत कराते, वह जब अपनी कोठी के अहाते में पहुँचे तो दिन डूब चुका था।

झाड़फानूसों की झनकती घंटियों के साथ, लौह-शृंखलाओं में जकड़े उनके खूँखार ऐल्सेशियन की भौं-भौं, चमकती वर्दी में, काले चेहरों पर पालिश-सी किए, सतर खड़े उनके संथाल बैरे-बटलर देख, हम दोनों बुरी तरह प्रभावित हो चुके थे। 'इस कमरे में मैंने आपके रहने की व्यवस्था की है,' कह उन्होंने जिस जादुई कमरे का चमकता द्वार खोला, उसका वैभव हमें फिर चौंधिया गया। कमरा क्या था, किसी फाइव-स्टार होटल का सजा-सँवरा कक्ष था।

इसमें कोई सन्देह नहीं कि अपने आतिथ्य में, उसने सामान्य-सी भी त्रुटि नहीं रहने दी थी। अभी तक हम गृहस्वामिनी से नहीं मिले थे, पर जब

गृहस्वामी की ही ऐसी परिमार्जित रुचि थी, तो स्वामिनी भी निश्चय ही ठसकेदार होंगी। कैसी ही सम्पन्न रुचि क्यों न हो, जहाँ तक व्यक्तित्व का प्रश्न था, गिरीन्द्र किसी भी कसौटी में खरा उतर सकता था, उसकी मुझे कोई चिन्ता नहीं थी। किन्तु कन्या यदि अपने पिता पर पड़ी होगी तो निम्मी के कमनीय चेहरे की स्मृति बड़ी सुगमता से स्वयं उसका भविष्य सँवार लेगी।

मैं मन-ही-मन प्रसन्न ही हुई थी। जोशीजी के चमकते जूतों से लेकर, डिनर जैकेट, वायल्ड शर्ट का स्टिफ कालर, सबकुछ बेजोड़ था। किन्तु उसके बौने कद और चेहरे ने, जैसे उनके वैभव और वेशभूषा पर झाड़ू फेरकर रख दी थी। एकदम ही बौना कद, तंग पेशानी, इतनी बारीकी से तराशी गई दाढ़ी कि ठुड्डी एकदम ही नंगी लगती, चेहरे को अश्लील बना गई थी। माथा संकुचित तो था ही, उस पर कुटिल आँखों के सान्निध्य ने, उसे और छोटा बना दिया था। मोटे अधर, ऊपर से पतली होने पर भी नीचे से सहसा फैल गई नासिका के कुछ-कुछ फूले नथुने देखनेवाले को सहमा देते थे। कुल मिलाकर चेहरा, एक विलासी, कामुक, क्रूर व्यक्ति का ही लगता था। उस प्रौढ़ संसारी व्यक्ति का लौह पंजा किसी भी कलाई को एक बार पकड़, सहज में छोड़नेवाला पंजा नहीं था। उनकी सौसेज-सी पृथुल अँगुलियों की अदृश्य पकड़ में, अपनी निरीह दुर्बलचित्त भानजे की कलाई को थरथराते मेरी अनुभवी दृष्टि ने देख लिया था।

जोशीजी, हमें बड़े ही स्नेहपूर्ण सौजन्य से, अपने खाने के कमरे में ले गए और घुमा-घुमाकर अपना अपूर्व संकलन दिखाने लगे। सुन्दरवन में मारी गई नीलगाय का सिर, दीवार पर टँगा कालाढूँगी के गुलदार का द्वीपिचर्म, बुन्देलखंड के गहन वन में उनके अचूक निशाने का शिकार चीतल और सौराष्ट्र के किसी अरण्य से लादकर लाया गया अरना भैंसा! 'और यह मेरा सेलर है,' एक अर्द्ध-चन्द्राकार शीशम के, अधर में त्रिशंकु से लटके टुकड़े पर, सधी अदा से बाँह टिका वह काँच की आलमारी में बन्द बोतलों की ओर गर्व से देखकर मुस्कुराने लगे, फिर एक-एक कर, उन्होंने इनसे हमारा विधिवत् परिचय भी करा दिया—'यह बोतल मेरे एक राजनीतिज्ञ मित्र मेरे लिए लाए थे। गत वर्ष एम.पी. दल का नेतृत्व करने रूस गए थे। ये क्रीमडी मिंथ तो हमने अपनी समधिन के लिए सेंतकर रखी है, और ये कौनेक (Cognac) तो मैंने बेटी के पहले जन्मदिन की पार्टी से छिपाकर रख ली थी...आइए, पहले मिसेज़ जोशी से तो मिला दूँ...अरे भई कहाँ हो? जिनकी कहानियों की तुम उपासिका हो,

वह आज तुम्हारे सौभाग्य से, सशरीर यहाँ उपस्थित हैं।'

एक लेसदार झाड़न से हाथ पोंछती मिसेज़ जोशी, नम्रता से अभिनन्दन की मुद्रा में दुहरी होती, हमारी ओर बढ़ीं, तो उनकी असंख्य ठुड्डियों के बीच से उनका चेहरा ढूँढने में मुझे कुछ समय ही लगा था। कटिहीन भीमोदर, उनकी हर पदचाप के साथ यत्न से जमाई गई जेली ही की भाँति हिल रहा था। यह महिला कैसे उठ-बैठ पाती होगी, मैं यही सोच रही थी कि सहसा उनकी किसी दूधपीती बच्ची की-सी आवाज़ ने मुझे दूसरा धक्का दिया। उस विशाल शरीर के अनुपात में, किसी पिद्दी की-सी चींचीं के स्वर ने हम दोनों को एकसाथ चौंका दिया। जैसे किसी उत्तुंग देवालय की छत से लटकी कोई नन्हीं-सी घंटी खनकी—'आइए...आइए, पहले खाना खा लें, एकदम ठंडा हो जाएगा, एई जो गोनू, आलोटा निबिये दे तो रे।' उन्होंने अपने एक भुजंग-से काले, मुछन्दर बैरे को आदेश दिया और खट से बत्ती बुझ गई। मेज़ पर लगी मोमबत्तियों के प्रकाश में, जोशी दम्पति ने, फिर हमें अपने अपूर्व व्यंजनों की सुगन्ध से बेहोश-सा कर दिया।

मेरा बचपन कैशोर्य रियासतों में बीता है, उस दिन उन्हीं विस्मृत दरबारी भोजों की स्मृति मुझे विह्वल कर उठी थी। हमारे पीछे खड़े दक्ष बैरे, जैसे चतुर्भुज की-सी चार-चार बाँहों से हमें परिवेशन करते जा रहे थे। 'बेबी!' सहसा बड़े ही नाटकीय ढंग से, किसी पूर्वाभ्यास किए सूत्रधार की ही भाँति जोशीजी ने पुकारा। एकसाथ ही हम दोनों पर्दे की ओर उठीं। मुझे तो आज भी यही लगता है कि कमरे की बत्ती भी उस दिन पुत्री के व्यक्तित्व के दुर्बल पक्ष को रहस्यमय ढंग से छिपाने के लिए ही बुझाई गई थी और उस कैंडल-लाइट डिनर के आयोजन में, जोशीजी का चतुर मस्तिष्क बहुत पहले ही अभिमन्यु का चक्रव्यूह रच चुका था।

'ही' कर अपनी विलम्बित विदेशी मींड से हमें घायल करती बेबी, माता और पिता के बीच बैठ गई। उसे आने और कुर्सी पर बैठने में मुश्किल से दो सेकेंड लगे होंगे, किन्तु उस संक्षिप्त अवधि में भी हमने उस विचित्र शरीर की ज्यामिति बाँच ली थी। लड़की ने माँ का स्वास्थ्य और पिता का कदर्य चेहरा तो पाया ही था, किन्तु उन अधरों को चीरते-फाड़ते जो दो लम्बे दाँत, सीधे आकर हम दोनों के कलेजे में धँस गए थे, वह निःसन्देह विधाता का सर्वथा मौलिक प्रयोग था।

मैंने एक-से-एक मोटी लड़कियाँ देखी हैं, किन्तु वह मोटापा स्वयं अपने

में एक अनोखी मिसाल था। कसे गए हस्व ब्लाउज़ में माँस की अनावश्यक परतें कंठ के नीचे गलग्रह बनी लटक रही थीं। उधर बैल की-सी भावशून्य आँखें, पिता के-से ही सेम के बीज के-से नथुने और भयावह गजदन्त। मैं चेष्टा करने पर भी दुबारा उसकी ओर आँखें नहीं उठा पाई। उसके आते ही, पूरे कमरे को एक मनहूस चुप्पी ने घेर लिया। दीवार पर टँगा, रविवर्मा अंकित दक्षिणी सुन्दरी का भव्य तैलचित्र, सौराष्ट्र का अरना भैंसा, कालाढूँगी का गुलदार, सबकुछ निस्तेज हो उठे। मेज़ पर सँवरे, एक-एक व्यंजन में जैसे मक्खियाँ तैरने लगीं। मुझसे एक कौर भी नहीं निगला गया, मैंने कनखियों से काक-दृष्टि से देखा, मेरा भानजा भी, रूमाली रोटी का रोल-सा बना, आलूदम के आलू से बिलियर्ड-सा खेल रहा था। मेरा मन अकारण ही मत्त मयूर-सा नाच उठा। अब निश्चय ही, मेरी निम्मी का मैदान साफ़ था। पर आश्चर्य भी हुआ था कि इस युग में, जहाँ बदसूरत कपोल-ठुड्डी, यहाँ तक कि कुरूप नासिका को भी, प्लास्टिक सर्जरी से सँवारा जा सकता है, जहाँ विज्ञान ने दिल की नहीं, दिमाग के आरोपण की भी सम्भावना से त्रस्त मानव को आश्वस्त कर दिया है, वहाँ जोशीजी, पुत्री को इन मनहूस गजदन्तों से मुक्ति कैसे नहीं दिला पाए। थोड़ी ही देर में, बेबी खाने से खेलकर, उठ भीतर चली गई।

मैंने देखा कि उस बुलन्द इमारत का आगा और पीछा, समान रूप से अनाकर्षक था। उधर चाणक्य भी अपनी शिखा की बँधी गाँठ खोलने लगा था।

'आओ बेटा,' गिरीन्द्र को उन्होंने अपनी तर्जनी के आदेश से उठा लिया—'तुम्हें हम अपना क्लब दिखा लाएँ। ज़रा देख तो लो कि चाहने पर मनुष्य कैसे-कैसे जंगल में भी मंगल रचा सकता है।'

कमरे की मनहूस चुप्पी में, गुदगुदे कालीन को, व्यर्थ ही अपने पैर के अँगूठे से कुरेदती, मैं कन्या की जन्मदायिनी के साथ अकेली रह गई। 'बहन, आज अच्छा दिन है, तुम अपनी स्वीकृति दे दो तो हम भी रोली-तिलक ले आएँ।' मैं सँभलती कि इससे पूर्व ही उस व्यवहारकुशल महिला की गुदगुदी माँसल हथेली में मेरा हाथ डरे-सहमे कबूतर-सा फड़फड़ा रहा था।

'इसके दाँत,' वह एक पल को कुछ सकुचाकर फिर दबंग बन गई और निस्संकोच धाराप्रवाह वाणी में, उन विलक्षण दाँतों का परिचय देने लगीं—'कुछ ऊँचे हैं, पर लड़की मेरी गाय-सी सीधी है बहन, कोई दस जूती भी मार दे तो चूँ न करे। वैसे इसके पिता इसे सबसे प्रसिद्ध डेंटल क्लिनिक में भी दिखा

चुके हैं, पर दुर्भाग्य से कोई भी इन्हें तोड़ने को राजी नहीं हुआ। कहते हैं, इन अभागे दुश्मन दाँतों की जड़ें, इसके दिमाग से जुड़ी हैं। हो सकता है, तोड़ने पर मानसिक सन्तुलन ही खो बैठे!'

'वह तो बिना दाँत तोड़े भी शायद खो बैठी है,' मैं कहने को ललक उठी। सचमुच ही, उसका मंगोल चेहरा किसी वज्रमूर्खा का ही था।

'देखिए,' मैंने गम्भीर स्वर में कहा—'यह बात तो गिरीन्द्र ही बता सकता है। उसी से पूछ लें। हो सकता है, मेरे सामने संकोचवश कुछ कह नहीं पाए! आप क्लब ही जाकर उससे पूछ आइए ना!' मैंने बड़े कौशल से, फिर अपने गले का फंदा काटकर दूर फेंक दिया। 'ओह धन्यवाद, कैसी विलक्षण सूझ है आपकी! तब ही तो आपकी कहानियाँ इतनी दिलचस्प लगती हैं मुझे! मैं अभी जाती हूँ। क्यों बहनजी, बेबी को भी ले जाऊँ?' एकदम कठपुतली-सी ठुमकती, वह मेरे उत्तर की प्रतीक्षा में खड़ी हो गई।

'हाँ-हाँ, ले जाइए ना, शायद खाने की मेज़ पर ठीक से देख न पाया हो!' मेरा तीखा व्यंग्य, तेल से सने पात्र पर जल की निरीह बूँद-सा ही ढलक गया। थोड़ी ही देर में, माँ-बेटी की, बौने सर्कसी जोकरों की-सी जोड़ी को विदा होते देख, मैंने निश्चिन्तता की साँस ली। पर मैं क्या जानती थी कि उसे माँ के साथ भेजने में मेरा कुटिल अभिप्राय, जान लेने को छोड़ी गई मूठ की ही भाँति, स्वयं प्रेरक को भी निष्प्राण कर देगा! बड़ी देर बाद, जब उत्फुल्ल परिवार क्लब से लौटा, तब वराहदन्ती बेबी का निर्विकार भावशून्य चेहरा भी प्रसन्नता से दमक रहा था। जोशाइन ने उसे मेरे पैरों पर लगभग ढकेल ही दिया था—'पैर छू इनके, आज से ये तेरी ममिया सास हैं।'

मैं एक क्षण को स्तब्ध रह गई। तब क्या अभागा, जान-बूझकर ही आँखें बन्द कर, अन्धे कुएँ में कूद पड़ा था? रात्रि के एकान्त में, अगल-बगल सोने पर भी, मैं फिर उससे एक शब्द नहीं बोल पाई थी। कौन कहता है कि देवता भी स्त्री-चरित्र को नहीं बाँच सकते। पग-पग पर गिरगिटी रंग बदलनेवाले पुरुषों पर हमारे रससिद्ध कवि, गुणी, नीतिज्ञ, ऐसी कोई उक्ति क्यों नहीं लिख गए?

दूसरे दिन ही हमें जाना था, इसी से बड़े तड़के ही से जोशी-दम्पति ने हम पर उपहारों की चाँदमारी-सी कर दी। हीरे की अँगूठी, मखमली थैली में सोने की मुहरें, घर-भर के लिए बंगाल की प्रणामी प्रथानुसार भारी-भरकम साड़ियाँ, बागबाज़ारी रसगुल्ले और भीमनागी सन्देश। स्वयं अपनी ही भारी

औरगेंजा की असली ज़री को सहलाती, मैं अपने क्षत-विक्षत चित्त की वेदना भी एक क्षण के लिए भूल-बिसर गई थी। विवाह की तिथि भी उन्होंने उसी दिन निश्चित कर तीसरे ही महीने विवाह निबटा दिया था। गिरीन्द्र मेरी इकलौती ननद का इकलौता पुत्र था, इसी से, यह कैसे हो सकता था कि मैं न जाती! मैं गई, पर उस आनन्द और महोल्लास के बीच, काले शॉल में लिपटे डबडबाए सफेद चेहरे की स्मृति मुझे रह-रहकर व्याकुल कर उठती थी। मुख में कलकत्ते का स्पंजी रसगुल्ला दबा रहने पर भी, स्वाद बीच-बीच में स्वयं ही कड़वा हो उठता था। जी में आता था, थूक दूँ। जैसे कोई कड़वी कैप्सूल, कंठ ही में अटक, अपनी कड़वाहट का ज़हर, मेरी पूरी श्वासनली में घोल गई थी!

बहू आई और साथ में आया, समुद्र-मन्थन से निकला रत्नों का स्पूताकार अम्बार।

टेलीविजन, गाड़ी, स्टीरियो, इम्पोर्टेड फ्रिज़, डिनर सेट, चाँदी की कटलरी और सोने का डिकैंटर! उन सबकी चकाचौंध के बीच, अधरों से बाहर लटके गजदन्तों को देखने की न किसी को लालसा थी, न अवकाश! कोई साड़ियों की ज़री तौल रही थी, कोई कंठहार के हीरों पर न्योछावर हो रही थी, कोई अनोखे फ्रिज़ का चिकना कपाट खोल, ऐसी ललक से भीतर झाँक रही थी जैसे नई बहू का घूँघट उठा, सलोना चेहरा पहली बार देख रही हो।

ललिता को तो दम मारने की फुर्सत नहीं थी, इधर-इधर भागती, मिठाई के डिब्बे सँभालती वह पुराने दमे के मरीज़ की भाँति हाँफती जा रही थी।

'अरी ललतो!' उनकी जिठानी ने दूर से अपने भारी कंठ की बन्दूक दागी—'बूँदी के लड्डू तो डबल सैज के हैंगे री, जरा सँभल के तोड़ियो, कहीं उनमें भी मुहरें न भरी हों तेरे समधी ने!'

साथ ही रतजगे की रतनारी उनींदी बीसियों आँखें चमकीं और बन्ना-घोड़ी गाए गए। अधबैठे कंठों के समवेत कहकहे से, कोहबर गूँज उठा।

बेहया गिरीन्द्र नई बहू के सोने के गुच्छे में फ्रिज़ की चाभी पिरो रहा था। एक बार भी उसने सिर उठाकर मेरी ओर नहीं देखा। मैंने भी कुछ नहीं कहा। मैं समझ गई कि बेचारा स्वयं ही अन्तररात्मा के चाबुक की सड़ासड़ मार से तड़प रहा है। मैंने सामान कार में रखवाया। चलने लगी तो ललिता ने हाथ पकड़ लिया—'हाय, एक दिन तो रुक जातीं, बहू का पूरा सामान भी तो नहीं दिखा पाई तुम्हें!' उनके स्वर में स्नेह का लवलेश भी नहीं था। उस कंठ का अहंकार ही एक बार फिर मेरे कटे घाव पर नमक बुरक गया।

'जो देखने लायक चीज़ थी उसे तो देख लिया, ललिता, अब सामान देखकर क्या करूँगी...' काले शॉलवाला चेहरा मेरे जिह्वाग्र पर बैठ, जैसे स्वयं मुखरा बना प्रतिशोध ले रहा था।

'अरे हाँ, तुम्हें तो बताना ही भूल गई,' दर्पदीप्त स्वर अब उसने शायद जान-बूझकर ही आस-पास खड़ी महिलाओं को सुनाने के लिए और ऊँचा कर दिया था—'द्वारचार में बहू के नाम का सवा लाख के बीमे का कागज़ भी रख दिया था समधी ने!'

'अच्छा?' चलते-चलते फिर मैंने भी अपनी दरिद्र भतीजी के अपमान का पूरा-पूरा बदला ले ही लिया—'यह कहावत तो आज तक सुनी ही थी ललिता, कि मरा हाथी भी सवा लाख का होता है, आज उसे चरितार्थ होते भी देख लिया!' मैंने कहा और देशी उस्तरे की धार-सी अपनी ही व्यंग्यात्मक घातक हँसी से ननद को घायल कर तेज़ी से सीढ़ियाँ उतर गई।

मित्र

पूरे घर की कायापलट हो गई थी। बड़ी लड़की रम्भा काँचों को स्पिरिट से साफ़ कर रही थी। मँझली सरोज ने गोल कमरा चमका लिया। दोनों लड़कियाँ बार-बार अकर्मण्य छोटे भाई बब्बू की धज्जियाँ उड़ा रही थीं—'बब्बूजी, आपसे तो कुछ होने का नहीं, जब देखो तब लाटसाहब चुग रहे हैं। ग्यारह बजे कालका मेल आता है, साढ़े दस बज गए और आपका पाजामा ही खिसका जा रहा है। जाइए, कपड़े बदलिए।'

दस वर्ष के परमहंस बब्बू बहनों की घुड़कियों से बिना सहमे, चौके में बासी रोटी की प्लेट बनाए, माँ के सम्मुख याचक बने खड़े थे—'हाय, ममी, थोड़े-से भुने आलू दे दीजिए, फिर नहीं माँगूँगा।'

राधा झुँझला उठी—'मर अभागे, तेरी हड़बड़ी में हाथ जलकर रह गया। चखते-चखते सब ही कुछ तो खा डाला। अरे, देख तो बेटी, लगता है, आ गए।'

पूरे घर को जैसे बिजली का तार छू गया। रिक्शा सचमुच ही आ गया था। रम्भा ने सफाई का तामझाम बटोर पलँग के नीचे कर दिया, सरोज बिजली की गति से गुसलखाने में घुस गई। बब्बू खिसकता पाजामा और हाथ की बासी रोटी सँभाले, बगल के कमरे में अदृश्य हो गया। हाथ में करछुल और सब्जी का ढकना लिए राधा बेचारी सोचती रही कि कहाँ छिपे।

उसके पति का मित्र मुस्कुराता द्वार पर खड़ा था।

'ओह, यह हैं हमारी भाभीजी! नमस्कार!' उसने झुककर हाथ जोड़े और विनम्रता से दोहरा हो गया।

राधा काँप गई। कैसा कदर्य, कुत्सित और भयावना था पति का मित्र! एक तो यह प्रकृति का कुछ विचित्र नियम है कि पति के आत्मीय या मित्र

कितने ही सुदर्शन क्यों न हों, उनकी पत्नियों को आमतौर पर कम ही पसन्द आते हैं, पर इस मित्र को देखकर तो वह सचमुच ही स्तब्ध हो गई। कामेश्वर की रुचि का ही तो वह आज तक लोहा मानती आई थी, जो खाने में, पहनने में, बोलने में, अभ्यस्त और स्वयं अपने व्यक्तित्व में अनमोल था। उसने ऐसे मित्र को क्या देखकर चुना? पति ने तो उसे पहले ही आगाह कर दिया—'देखो राधा, राघव देखने में तो आबनूस का चक्का है, पर दिल का हीरा है, समझी? फिर इतना श्रीमन्त मित्र अपने विपुल वैभव के बीच भी मेरा स्मरण कर सका, यही मेरा सौभाग्य है। चाहता तो बड़े होटल में टिक सकता था। पर लिखा है, तेरे ही साथ ठहरूँगा।'

राधा के दुर्भाग्य से, पति का मित्र महीने की सत्ताईस तारीख को पहुँचा था, फिर भी उसने आतिथ्य में त्रुटि नहीं रहने दी। कामेश्वर ने बहुत दिनों से एक भत्ते का बिल छिपाकर रखा था। अस्सी रुपये का सामान्य-सा बिल था। सोचा था, पैंट बनवा लेगा। आफिस की कुर्सी में बैठता तो ऐसे सँभलकर जैसे किसी गहरी नदी की टूटी सीढ़ियाँ उतर रहा हो। हर पैंट की सीट बुरी तरह जर्जरित होकर झीनी पड़ गई है, पर जब कभी बिल भुनवाकर पैंट बनवाने की सोचता, दोनों लड़कियाँ फीस माँग बैठतीं, लड़के का जूता मुँह फाड़कर अट्टहास कर उठता और पत्नी फटी साड़ियों की प्रदर्शनी-सी लगा देती। कहीं इन अभावों के बीच अपना तन ढाँपने का दुःसाहसी संकल्प पूर्ण कर बैठता तो गृहस्थी का संयुक्त मोर्चा उसके विरुद्ध हो जाता। इस बार उसी बिल को भुनाना पड़ा। खिड़कियों के द्वारों के पर्दों की फरमाइश लड़कियाँ कब से कर रही थीं। ज़माना सचमुच ऐसा आ गया था कि तन की लाज ढँकने से अधिक चिन्ता मनुष्य को गृहद्वार और खिड़कियों की लज्जा ढँकने की हो गई थी।

'सबके यहाँ हैंडलूम के पर्दे हैं, पापा!' रम्भा ने मुँह फुलाकर कहा, 'एक आप ही लोग हैं कि अभी तक दरवाज़ों पर हमने एक साल पड़े पर्दे लटकाए हैं। साथ की लड़कियाँ आती हैं तो हम शरम से मर जाती हैं; फिर आपके समृद्ध मित्र आ रहे हैं, पर्दे बनवाने ही होंगे।'

सरोज और रम्भा ने द्वार और खिड़कियों को नापा, बढ़ई को बुलाकर नए चमकदार शीशम के डंडे बनवाए, बढ़िया मोहनजोदड़ो के वृषभ-अंकित कपड़े का थान आया और बारह बजे तक बैठकर राधा ने पर्दे सिले। पर्दे लग गए तो घर मुस्कुराने लगा, पर अभी भी मुस्कुराहट पूर्ण नहीं थी, नंगी औरत कपड़े पहनकर मुस्कुरा भले ही ले, निराभरण क्या अच्छी लगती है।

मित्र आते ही चाय माँगेंगे...और टी-सेट!

'हाय राम, यह कोई टी-सेट है, पापा! क्या कहेंगे आपके मित्र!' रम्भा और सरोज रंग-बिरंगे बहुरूपिया कप-तश्तरियों को एक कतार में धर, चम्मच से जलतरंग बजाने लगीं।

'छिः-छिः, हमसे तो नहीं पिलाई जाएगी इन प्यालों में चाय। एक सेट तो लाना होगा। बारह सौ पाते हैं आपके मित्र, फिर आपकी नौकरी भी तो ऐसी गई-बीती नहीं, पापा! सात सौ तो आपको भी मिलते हैं।'

'बेटी, उसके बारह सौ अकेले उसी के हैं, और मेरे सात सौ में तुम तीन, तुम्हारी ममी, फिर इनकम टैक्स, बीमा...'

सरोज बाप की मुँहलगी बेटी थी–'बोर मत करिए, पापा! फिर वही बजट-पुराण ले बैठे आप! निकालिए तो चट से चालीस रुपए, एक कामचलाऊ टी-सेट ही ले आएँगी!'

'चालीस में कामचलाऊ!' कामेश्वर की आँखें बाहर निकल आईं–'मैं जब होटल में था तब पाँच रुपए का वो फाइन सेट लाया था कि बस...'

अब रम्भा झुँझलाई–'आप लोगों को तो कुछ आदत ही पड़ गई है शायद। हमारे ज़माने में ये था, वो था। हमारे बच्चे होंगे तो हम भी कहेंगे–सौ रुपए में मामूली टी-सेट! अरे हमारे ज़माने में तो चालीस का वो बढ़िया आता था कि बस...'

दोनों पुत्रियों की बहस ने कामेश्वर को पराजित कर दिया। द्वार-खिड़कियों पर पर्दे टँग गए। नए सेट में ब्रुकबांड की चाय बनी, कुरकुरे मोनाको स्नैक्स का चमचमाता टिन खुला और मित्र को घेरकर पूरा परिवार बैठ गया।

काले भुजंग-से मित्र को घेरे कामेश्वर के तीनों बच्चे देवदूत-से लग रहे थे। मित्र ने बड़ी आत्मीयता से छोटे लड़के बब्बू को गोद में उठा लिया था। वह बारी-बारी तीनों से प्रश्न पूछ रहा था। कभी सामान्य ज्ञान की परीक्षा चल रही थी, कभी बड़ी पुत्री का अंग्रेज़ी-साहित्य का वायवा लिया जा रहा था। शेक्सपियर के विभिन्न पात्रों की भूमिका में अवतरित होकर मित्र अपनी पांडित्यपूर्ण आवृत्तियों से मित्र के परिवार को प्रभावित करने की चेष्टा कर रहा था। बच्चों को राघव का गर्जन-तर्जन बड़ा अच्छा लग रहा था। उसकी भौंडी नाक के चपटे नथुने उत्तेजना से फड़फड़ाने लगते, अधमुँदी आँखें शेक्सपियर की आवृत्ति करते-करते पूरी बन्द हो जातीं, तो बब्बू दोनों बहनों को चिकोटी काटकर बुरी तरह गुदगुदा देता–'देखो, नाक के नथुने कितने बड़े

हैं, पूरा चूहा घुस सकता है।'

रात के ग्यारह बजे सबने खाना खाया। राधा थककर चूर हो गई थी। इतनी रात तक जागकर काम करने का उसे अभ्यास नहीं था, पति के मित्र का ज़ोर-ज़ोर से बोलना, ठठाकर हँसना, कभी उसे काकदृष्टि से छिप-छिपकर देखना और कभी उसकी सुन्दर पुत्रियों को, उसे ज़रा भी अच्छा नहीं लग रहा था। पर पति का मन रखने को वह अतिथि देवता को प्रत्येक सुविधा देने की चेष्टा कर रही थी। लाख बुरा हो, था तो पति का मित्र। बेचारे के प्रौढ़, रिक्त जीवन में कभी नारी की सुशीतल छाया नहीं पड़ी थी; इसी से बार-बार मित्रपरिवार के सौभाग्यमदिरा से छलछलाते जीवनपात्र को देखकर शायद मुँह में पानी भर आया था। फिर दो ही दिन की तो बात थी, तीसरे दिन तो चला ही जाएगा। कौन रोज़-रोज़ आ रहा है, चलो इसी बहाने घर की एक-आध चीज़ें तो जुट गईं।

राघव चाचा को दूसरे ही दिन सुबह मीटिंग में जाना था। सुबह की चाय चटपट पीकर वह मीटिंग में चले गए। लंच भी वहीं था, कह गए, शाम को लौटेंगे। उनके जाते ही पहले नाश्ते की मेज़ पर डाका पड़ा। तीनों बच्चों ने द्रुतगामी रफ़्तार से बिस्कुट साफ किए, पाँच केलों को तीन विषम भोगों में विभक्त किया, बासी पत्तियों में उबलता पानी डालकर दुबारा चाय बनी, ज़ोर-ज़ोर से राघव चाचा के गुण-दोषों की विवेचना सम्पन्न हुई, फिर आरम्भ हुई उनके विलासी सामान की चीरफाड़।

'हाय ममी, देखो कैसा हलका सूटकेस है, एकदम कागज़ी फूल!' विदेशी रंग-बिरंगे लेबल चिपके सूटकेस को एक हाथ में झुलाकर, रम्भा ने राघव चाचा के विदेशी धूप के चश्मे में अपने गौर मुखमंडल को दीप्त किया और मुस्कुराती बंकिम मुद्रा में खड़ी होकर बोली, 'इनसे मिलिए, ये हैं कुमारी रम्भा, एयर होस्टेस, एयर इंडिया इंटरनेशनल।'

'वाह, वाह, एयर होस्टेसजी, कल शायद अपने इकलौते फटे पेटीकोट की मृत्यु पर आप ही बिलख रही थीं!' सरोज ने लपककर बड़ी बहन से चश्मा छीन लिया—'लाइए, हम भी लगाएँगे, भई। मान गए, राघव चाचा हैं रईस आदमी। ममी देखो, जूते के लिए भी जिप लगा चमड़े का केस है।'

'तकिया देखिए, दीदी, चिड़िया के पर भरे हैं।' बब्बू राघव चाचा का तकिया लगाए ठाठ से लेट गया था।

राघव चाचा सन्ध्या को लौटे तो फिर महफिल जमी। उस दिन रात का

खाना ग्यारह बजे लगा। घर की महरी बड़बड़ाती चली गई, बेचारी राधा कई बार खाना लगाने उठी, पर राघव चाचा को देर में खाने का अभ्यास था। प्रत्येक गृहस्थ की एक निश्चित मर्यादा होती है, अपनी कुछ सीमाएँ होती हैं—यह उस मस्तमौला अतिथि को ज्ञात नहीं था। तीसरे दिन की सुबह की मेल से उसके जाने की बात थी, पर कामेश्वर ने बड़े आग्रह से रोक लिया। राधा मन-ही-मन झुंझलाई भी थी, दो दिनों में तीस रुपये तो घी, मिठाई और फलों में ही टूट गए थे। बच्चों को भी अब राघव चाचा की गरिष्ठ विवेचना के पकवानों से अपच हो उठा था। देश-विदेश के मन्त्रिमंडल का लेखा-जोखा देते-देते लड़कियाँ ऊब गई थीं। नए टी-सेट को राधा अपने हाथ से पोंछती थी, एक बार धोकर रखती तो दूसरे राउंड चाय का आर्डर आ जाता। फिर नित्य की दो सब्ज़ियों के स्थान पर तीन-तीन, चार-चार सब्ज़ियाँ बनाते-बनाते उसकी कमर टूट गई। पहले दिन का पाहुना अब कुछ घिनावना लगने लगा था।

तीसरे दिन राघव चाचा का सामान बँधने लगा तो राधा विदा होते अतिथि के प्रति सहसा सदय हो उठी। इतना लम्बा सफर है, क्यों न बेचारे के लिए चार पूड़ियाँ ही झटपट उतार दे। रास्ते में नाश्ता कर कम-से-कम याद तो कर लेगा कि किसके साथ रहा था!

वह पूड़ियाँ उतार रही थी कि कामेश्वर आ गया, 'सुनती हो, तुम्हारे पास कुछ रुपए होंगे?'

'रुपए? कैसे रुपए?' राधा चौंक गई। जलते घी में पूड़ी सफेद से गुलाबी और गुलाबी से क्रमशः लाल पड़ने लगी।

'तुम्हारे पास हमेशा कुछ रुपए रखे रहते हैं, राधा, अचानक चलते समय राघव को ध्यान आया कि उसके रुपये कुछ कम पड़ गए हैं, जाते ही भेज देगा, कुछ हो तो निकाल दो, प्लीज...देर मत करो।'

'हद करते हैं! 'आप माँगते ब्राह्मण द्वार खड़े जजमान' इसी को तो कहते हैं। सवा तीन रुपये बचे हैं। कहिए तो निकाल दूँ।' राधा का स्वर बड़ा ही रूखा था और वह पति की ओर दृष्टिपात किए बिना बड़ी बेरुखी से पूड़ियों का पेट दबा-दबाकर उन्हें फुलाती ही जा रही थी। मन-ही-मन वह सोच रही थी कि 'चलते समय वह अनोखा मित्र रुपये भी माँगेगा' अगर जानती तो रास्ते का नाश्ता कभी नहीं बनाती।

'नहीं राधा, झूठ मत बोलो, तुम्हारे काले बक्स में लक्ष्मी पूजा के सौ रुपये धरे हैं। देखो, आज मेरी इज्जत रख लो! क्या कहेगा, इतना बड़ा आदमी है,

आधा ही घंटा ट्रेन छूटने में है, नहीं तो मैं कहीं और से इन्तज़ाम कर लेता।'

एक बार तो राधा के जी में आया कि कह दे, कर लीजिए इन्तज़ाम, पर फिर झुंझलाकर उसने कड़ाही उतार ली। पति और कुछ देखे-न-देखे, पत्नी के छलबल से छिपाए रुपयों को वह पुलिस के सिखाए कुत्तों की भाँति अपने दिव्य चक्षुओं से बड़ी तत्परता से देख लेता है। लाल पोटली को निकालना ही पड़ा। एक सौ पच्चीस रुपये और मित्र-परिवार की मीठी स्मृतियों को बटोर मित्र सुबह की मेल से विदा हो गया।

मित्र के जाते ही बड़ी धूमधाम से गृहस्थी का गणतन्त्र-दिवस मनाया गया। दीवारों पर फिर रोल नम्बर और दूध का हिसाब लिखा जाने लगा। राधा ने फटी साड़ियाँ लीं, कामेश्वर ने कच्छे का कौपीन धारण कर फिर गृहस्थी से वैराग्य लिया। नया टी-सेट ताले में बन्द हो गया, रंग-बिरंगे टूटे प्यालों में चाय की अमृतवर्षा करने सूर्पणखाँ की नाक की-सी टोंटीधारिणी पुरानी केतली एक बार फिर आ गई। घर की बनावटी आडम्बर की केतली को उतारकर एक खूँटी पर लटका दिया गया। कभी-कभी राघव चाचा की बातें होतीं तो राधा अपने दिए गए रुपयों का उल्लेख अवश्य कर देती।

चार महीने तक जब राघव ने पत्र ही नहीं लिखा तो राधा का माथा ठनका।

'क्योंजी, कैसे हैं आपके मित्र! रुपये तो दूर, एक चिट्ठी भी नहीं डाली!' उसने एक दिन पति से कहा।

'ऊँह, आ जाएँगे। कौन-सी बड़ी रकम है, अब की तनख़्वाह से तुम अपने रुपये ले लेना।'

'तनख़्वाह है ना कद्दू!' राधा भुनभुनाकर उठ गई थी—'सौ रुपये मैं काट लूँ तो रोते नज़र आओगे। कहना आसान है, वह तो मैं ही हूँ जो तुम्हारी गृहस्थी की गाड़ी ठेले जा रही हूँ। चौदह आने सेर आलू बिक रहा है, सौ रुपए क्या कम होते हैं?' इधर बिगड़ती खाद्यान्न-स्थिति ने अधिकांश गृहिणियों की भाँति उसका भी रक्तचाप बढ़ा दिया था। हर तीसरे दिन वह पति के मित्र को कोसने बैठ जाती।

कामेश्वर को इतनी चिन्ता नहीं थी। एक तो उसे विश्वास था कि रुपये नहीं डूबेंगे। दूसरे, लेन-देन के मामले में पुरुष स्त्री की अपेक्षा अधिक उदारता से काम लेता है। स्त्री किसी से लिया गया रुपया चाहे भूल जाए, अपने द्वारा दिया गया धेला भी नहीं भूल सकती।

पाँच महीने बीत गए। गेहूँ सोने के भाव बिक रहा था। धोबी, जमादार, महरी, सबने अपना महँगाई-भत्ता सुविधानुसार बढ़ा लिया था, बेचारी राधा के ही पैर उसकी गृहस्थी की चादर से बाहर झाँकने लगे थे। नाना अभावों के बीच उसे सौ की स्मृति कभी-कभी रुला देती। एक तो पूजा के रुपए थे, लक्ष्मीजी ने सचमुच ही रूठकर मुँह फेर लिया था।

वह रुपयों की आशा एक प्रकार से छोड़ ही बैठी थी कि एक दिन उसके नाम का लिफाफा आ गया। राघव का ही पत्र था, रेलवे रसीद भेजी थी, दिल्ली से कन्धारी अनार और बेदाना अंगूर चले आ रहे थे भाभीजी के लिए।

राधा पहले तो झल्लाई—'यहाँ गेहूँ को तरस रहे हैं, भेज दिए कन्धारी अनार और बेदाना अंगूर। इससे तो सीधा-सादा मनीआर्डर भेज दिया होता।' पहले वह पति के सहयोगी अस्थाना की नई फिएट गाड़ी को ललचाई दृष्टि से देखती थी, पर उस दिन एक मोटी-सी ललाइन को रिक्शा पर ढाई मन का गेहूँ का बोरा दोनों हाथों से सँभाले देखा तो फिएट-आरूढ़ा अस्थानागृहिणी भी फीकी पड़ गई। काश, वह भी ऐसे ही एक भीम बोरे से बाल-डांस करती, उसे अपने घर तक ला सकती।

फलों का पार्सल आया तो बच्चे टूट पड़े। 'वाह-वाह, क्या रसीला अनार है! और क्या बढ़िया अंगूर!'

राधा ने पड़ोस में बाँटने का प्रस्ताव रखा तो पूरा घर भड़क गया—'वाह जी वाह, हम एक दाना भी किसी को नहीं देंगे!'

रम्भा और सरोज को माँ के औदार्य और छोटे भाई की नीयत पर सन्देह हुआ तो चट टोकरी ताले में बन्द कर दी गई।

राधा की आँखें भर आईं। ये वे ही बच्चे थे जो तिल का दाना भी बाँटकर खाते थे। परिस्थितियों ने उन्हें कितना स्वार्थी बना दिया था!

कई दिनों तक अनार और अंगूर नाश्ते की जगह खाए और पानी के बदले पीए गए। राधा ने अब रुपयों का प्रसंग छेड़ना ही बन्द कर दिया। कम-से-कम चालीस के तो फल होंगे ही। लिखा है, अगले महीने कुछ फिर भेजेंगे। वह कुछ खिसियाए स्वर में, पति के सम्मुख झुँझलाहट में कहे गए मित्र के प्रति अपशब्दों के लिए मूक क्षमायाचना-सी कर उठती।

दूसरे महीने गढ़वाल के दौरे पर गए मित्र ने सचमुच ही एक पार्सल कागज़ी अखरोटों का भेज दिया तो राधा पिघल गई—'आपके मित्र हैं समझदार, कितना खिला दिया हमें!' उसने प[illegible] से कहा तो चट से मुँहजोर

छोटी बेटी ने टोक दिया—'वाह ममी, उस दिन तो तुम राघव चाचा को चोट्टा कह रही थीं!'

'चल मुँहझौंसी, कब कहा था मैंने?' राधा खिसियाये स्वर में बोली।

'वाह, कहा नहीं था कि चोट्टे भस्मासुर ने चालीस के फल मत्थे मढ़कर पूरे सौ डकार लिए।' ही-ही कर दोनों बहनें पिता के सम्मुख माँ को अपदस्थ कर देने की महिमा से हँसती-हँसती दुहरी हो गईं।

सचमुच ही एक दिन खीझकर राधा ऐसा ही कुछ कह बैठी थी। सौ की व्यथा को वह बीच-बीच में फलाहार करने पर भी नहीं भुला पा रही थी।

उधर राघव को काम से एक बार फिर मित्र के पास आना था। पहली बार मित्र-परिवार के साथ बिताए आमोदी दिनों की मिठास वह भूला नहीं था। कितनी स्नेही लड़कियाँ थीं और कैसी सुशीला पत्नी! उसके साधारण मसालों में बने भोजन का रस उसके छत्तीस व्यंजनों में भी नहीं था।

अब के वह बिना किसी पूर्वसूचना के पहुँच रहा था। बच्चों के लिए क्या उपहार ले जाए? और भाभी के लिए? तीनों के लिए खूब दामी साड़ियाँ ले जाएगा वह! कुँआरा होने पर भी वह इतना जानने लगा था कि स्त्रियों को अच्छा पहनना-ओढ़ना स्वभाव से ही रुचता है।

शहर में एक पंजाबी कपड़ेवाले ने अपनी दुकान नए ही ढंग से सजाई थी। एक ओर आदमकद मेमों की मोम-मूर्तियों की कतार साड़ी पहने इठलाती थी, दूसरी ओर दो आकर्षक ऐंग्लो-इंडियन युवतियाँ ग्राहकों पर विनम्रता के डोरे डालकर उन्हें खींचती थीं। उन्होंने तीन साड़ियाँ उसे थमाईं तो दुकान के कोने में पड़ी एक औंधी तख्ती पर उसकी दृष्टि पड़ी, जिसे शायद दुकान की आधुनिक सज्जा से मेल खाता न देखकर कोने में फेंक दिया गया था। काँच के आईने में काले अक्षरों के बेलबूटों से लिखी पंक्ति ने उसकी विस्मृति को कोंचा मारकर जगा दिया। उस पर लिखा—'उधार मित्रता की कैंची है।'

वह भी तो सौ रुपए लाया था मित्र से, बल्कि एक सौ पच्चीस थे। कैसा भुलक्कड़ था वह! राम-राम!

तो क्या सौ रुपयों ने उसकी डोर पर कैंची चला दी होगी? ऐसा नहीं है उसका मित्र?

अब मनीआर्डर क्यों भेजे, ख़ुद ही ले जाएगा। एक दिन पहले या बाद में मित्र के घर पहुँचता तो ठीक था। वह ऐसे मनहूस दिन पहुँचा जिस दिन मित्र की गृहस्थी का आकाश मनोमालिन्य के घने कृषण मेघखंड से पूरा ढँक

चुका था। दो दिनों से पति-पत्नी में बुरी तरह खटक रही थी। झगड़े का सूत्रपात अर्थाभाव से हुआ था।

पूरी तनख़्वाह महीने की दस तारीख को खतम हो चुकी थी। कामेश्वर ने बड़े रूखे स्वर में कह दिया था कि उसे महीने में एक ही बार वेतन मिलता है, दो बार नहीं। उधर राधा पति की फिज़ूलखर्चियों का उल्लेख कर उसे बुरी तरह पछाड़ रही थी। उसका स्वर क्रमशः ऊँचा होता जा रहा था। चेहरा तमतमा गया था। क्रोध के वाष्प से नारी के शील और सौम्यता का ढँकना बार-बार उलटा जा रहा था।

'एक आपके मित्र हैं, दस-बीस के फल और मुफ़्त की सलामी में मिले अखरोट भेजकर पूरे सौ रुपए डकार गए। चालीस का तो टी-सेट आया हज़रत के लिए, पचास के परदे, फल और सब्जियाँ अलग। तन का ही नहीं, मन का भी काला था आपका मित्र।'

मित्र को बिना किसी सूचना दिए आश्चर्य और आनन्द से अभिभूत कर देने के संकल्प से पिछवाड़े के पपीते के पीछे छिपा तन और मन का काला व्यक्ति काँप उठा था।

पति और पत्नी ऐसे तने आमने-सामने खड़े थे जैसे एक-दूसरे के खून के प्यासे हों। मित्र भय और आशंका से काँप उठा। व्यर्थ ही काँप रहा था बेचारा। उसका कुँआरा जीवन ऐसे तनाव के क्षणों से अनभिज्ञ था। वह नहीं जानता था कि जिसके विवाहित जीवनाकाश में ऐसी घनघोर घटा नहीं घिरती वहाँ रसवृष्टि की आशा करना भी व्यर्थ है। वह नहीं जानता था कि आज एक-दूसरे के खून के प्यासे कल फिर एक प्राण हो उठेंगे। वह और खड़ा नहीं रह सका। क्या पता, पति क्रोध में आकर पत्नी का गला ही घोंट दे। मित्र-पत्नी की हत्या वह नहीं देख पाएगा। उसका काला चेहरा और भी काला पड़ गया, मोटे होंठ पश्चात्ताप से थरथराने लगे। क्या सचमुच ही वह तन और मन का काला था?

डबडबाई आँखों से उसने एक बार सिर झुकाए मित्र को देखा। क्या भीतर जाकर उपहार सहित सौ रुपए दे आए? नहीं, नहीं, अब वह भीतर जा नहीं पाएगा। तार से रुपए भेज देगा। कुछ देर ठिठका, फिर हाथ में सूटकेस लटकाए, मित्र के द्वार से मित्र बाहर चला गया।

दादी

दादी के आने के साथ ही उनका जाना भी सदा जुड़ा रहता था और इसी अशुभ आशंका से नन्हीं रंजना का चित्त एक बार फिर काँप उठा था।

मम्मी और दादी के असन्तोषजनक सम्बन्ध को वह छोटी होने पर भी खूब समझती थी। दादी के आते ही मम्मी का मूड बिगड़ जाता था। फिर आज तक दादी बहुत दिनों तक रही ही कब थीं भला?

जब भी दादी आतीं, मम्मी-डैडी बड़ी रात तक अंग्रेज़ी में लड़ते रहते और फिर स्कूल से लौटकर दोनों भाई-बहन देखते, दादी कहीं भी नहीं हैं।

'क्यों मम्मी, दादी चली गईं क्या?' दोनों तुनककर एक ही प्रश्न पूछते।

'हाँ, चली गईं!' मम्मी ऐसे स्वरों में उत्तर देती कि दोनों सहमकर चुप रह जाते।

इसी से आज रंजना विशेषरूप से दादी से लिपटकर अभयदान की याचना करने लगी—'प्रॉमिस दादी, तुम इस बार भागोगी नहीं?'

दादी की कोटरग्रस्त आँखें स्नेहाश्रुओं से छलक उठीं। ठीक ही तो कहते हैं गुणीजन, हँसिया अपनी ही ओर काटता है। हज़ार हो, हैं तो दोनों उसी के रक्त-मज्जा-मांस के टुकड़े।

'हाय मेरी लाडो, तुम्हें छोड़कर कहाँ जाऊँगी भला?'

आश्वस्त होकर, हाथ का बस्ता हिलाते दोनों सीढ़ियाँ उतर गए।

स्टेशन जाने से पहले बड़ी बहू जो डंक दे गई, उसकी पीड़ा की साल पौत्री के स्नेह ने सींचकर रख दी।

बड़ी बहू के परिवार को लेकर वह पिछले शनिवार को छोटी के पास पहुँची थीं। करतीं भी क्या! जोधपुर में मरे पाकिस्तानी बम ओले-से बरसने लगे थे। पुत्र ने ही ज़िद कर दोनों सास-बहू और तीन बच्चों को छोटे भाई

के परिवार के साथ रहने भेज दिया था। छोटी बहू के साथ रहना जान-बूझकर ही मक्खी निगलना है, यह सास भी जानती थीं और बड़ी बहू भी। बहू की चिन्ता का समाधान उसने स्वयं ही कर लिया था—दूसरे-तीसरे ही दिन वह मायके चली जाएगी। बड़े पुत्र की नौकरी साधारण थी, बहू साधारण थी और बच्चे भी साधारण, इसी से जिठानी का आक्रोश देवरानी पर ही उतरता। एक तो यह रक्त-सम्बन्ध ही कुछ ऐसा कठिन है चाहे दो सगी बहनें ही जिठानी-देवरानी क्यों न बनें, उनकी मैत्री का क्रम जीवन-भर 'हिन्दी-चीनी भाई-भाई' का निरर्थक नारा लगाता दम तोड़ ही देता है फिर बड़ी बहू का पक्ष सबल भी था। सास को वही रखती थी। छोटी की गृहस्थी बैरा-बटलर की थी। पति फौजी उच्चपदस्थ अफसर था। बच्चे अंडा खाकर स्कूल जाते थे। उनके जन्म-दिनों को तिल-दुग्ध की धार देकर नहीं, केक पर मोमबत्तियाँ जलाकर मनाया जाता था। अम्माजी के चौके में सर्वदा 144 धारा लगू रहती थी। कोयले की लक्ष्मण-रेखा खींचकर सास अपनी सीमा स्वयं निर्धारित कर लेती थीं। पर निर्लज्ज बर्बर शत्रु की भाँति छोटी बार-बार उस सीमा का उल्लंघन जान-बूझकर ही करती खीस निपोर देती—'हाय अम्माजी, अब क्या होगा, चौका तो मुझसे छू गया!'

होता क्या, दूध-दही में गुँधे आटे के नरम-नरम पराँठे से ममता तोड़ बेचारी सास के लिए आधे दर्जन केले या पाव-भर सेब मँगा दिए जाते। बड़ी बहू के चौके में ऐसी सीमा-उल्लंघन की घटनाएँ बहुत कम होती थीं, इसी से सास वहीं चली गई थीं, पर देश की आकस्मिक स्थिति ने उन्हें फिर छोटी के द्वार पर ला पटका। इस बार स्थिति कुछ और डाँवाडोल थी—एक तो गृहस्वामी ख़ास मोर्चे पर था; दूसरे, गृह का भृत्य भी फौज में भरती होने चला गया था। सन्ध्या के साथ ही अन्धकार का तम्बू तन जाता, उस पर कलेजा दहलानेवाला भोंपू डकराने लगता।

कमरे के एक कोने पर शरणार्थी-रूप में आए अपने ठाकुरजी के भरे-पूरे परिवार को रख अम्माजी छोटी बहू से गंगाजल सहेजने के लिए बोतल माँगकर लौटी ही थीं कि बड़ी बहू ने अग्निबाण ताककर मार दिया था। खूब चढ़ानेवाले ठेकेदार पिता की पुत्री थी, इसी से चौड़े मुख की व्हिस्की की सुन्दरी बोतल को पहचान गई।

'क्या धरेंगी इसमें, अम्माजी?' भेंड़ी पुत्रवधू ने अपनी पौने दो आँखों के कोण को सास के चेहरे पर टिका दिया था।

'गंगाजल।' अम्माजी ने सरल उत्तर दिया था।

'ठीक ही तो है, देवरजी की ही गंगाजल की शीशी दी है छोटी ने!' खु-खुकर वह पास खड़ी छोटी की ओर देख मुँह में आँचल ठूँसती बिस्तर-बन्द बाँधने लगी थीं।

चाहती तो छोटी वहीं पर जिठानी के गंगाजल-सेवी पितामह का विधिवत् पिंडदान कर सकती थी, पर आज जा रही थी डेढ़ अक्खीं! मरे साँप को क्यों कोंचें? अकेली अम्माजी रह जाएँगी। उनके आने से इधर सुविधा ही हो गई थी। क्लब जाना होता नहीं था। सन्ध्या को सास सब्ज़ियाँ बना देती थीं। दोनों बच्चे भी कभी-कभी दादी के साथ ही खा लेते। उसको रात का खाना वैसे ही कहाँ पचता था। किसी दिन मन करता, तो गैस के चूल्हे पर चार फुलके सेंक लेती। पर इधर पति का जन्मदिन था। प्रतिवर्ष दोनों इस जन्मदिन को महोत्सव रूप में मनाते चले आए थे। फौजी क्लब में ठाठदार डिनर देते थे लेफ्टिनेंट कर्नल शर्मा। चीज़, मक्रोनी, मुर्ग, नान और टर्की जैसी अलभ्य खाद्य-सामग्रियों से मेज़ भर देती थी छोटी। आज वही पति मोर्चे पर बर्बर शत्रु का सामना कर रहा है। 'न भूख, न प्यास, न रात की नींद, न सपने। डार्लिंग, शत्रु को खदेड़ने के संकल्प में तुम्हारा सुन्दर चेहरा भी भूलता जा रहा हूँ'—उसने मोर्चे से लिखा था।

पर नहीं, जन्मदिन अवश्य मनाएगी। सन्ध्या को उसने अपनी फौजी बिरादरी की कुछ सखियों को बुलाया था। मिसेज़ दामले—कर्नल दामले की पत्नी, ब्रिगेडियर नन्दा की तीसरे पक्ष की अल्हड़ नवविवाहिता, लेफ्टिनेंट कर्नल कपूर की दम्भी अर्धांगिनी, सबको फोन कर चुकी थी।

'साधारण खाना होगा, भाई! इस मनहूसी में क्या आडम्बर शोभा देगा!' उसने हँस-हँसकर सबको थोड़ा-बहुत आगाह भी कर दिया था।

एक तो नौकर नहीं था, उस पर बत्ती का अंकुश। अम्माजी गज़ब का रायता और नौरतन की चटनी बनाती थीं। पर कहें किस मुँह से! उनका प्रदोष का व्रत था, उस पर मुँहजली रंजना के लिए गुड़िया बना रही थीं। जितना समय चीथड़ों की गुड़िया में बरबाद कर रही थीं, उतनी देर में कितनी सब्ज़ियाँ, रायता, चटनी बना सकती थीं! पर ऐबी रंजना के पेट में भी तो बीसियों उत्पातों के जोंक कुलबुलाते रहते हैं। एक बड़ी-सी चलने-फिरनेवाली गुड़िया तो अभी-अभी उसके पिता ने उसे वियतनाम से ला दी थी। सुनहले बाल हिला-हिलाकर वह 'मम्मी' भी पुकारती थी। पर यही तो वह नहीं समझती

थी। रंजना को यह गुड़िया पहले खूब अच्छी लगती थी। उसने उसे चूम-चूमकर इतना गीला कर दिया था कि मम्मी ने उठाकर ताक पर रख दी थी। ऐसी भी क्या गुड़िया, जिससे खेल भी नहीं सको। उसकी आया की बिटिया रहीमन अपनी महाकदर्य नकटी गुड़िया की नुची नाक में पीतल की बाली पहना तीन बार ब्याह कर चुकी थी। ऐसी ही नम्र आज्ञाकारिणी गुड़िया चाहती थी रंजना। पिछले तीन घंटों से उसकी दादी उसकी गुड़िया की प्रसव-वेदना से छटपटा रही थीं। सफेद लट्ठे के कलेवर में कठपुतली-सी दो विस्फारित कर्णचुम्बी नयनों की सृष्टि हो चुकी थी। नाक को सफेद डोरे की घनी परतों से पुष्ट कर दिया गया था। होंठों के लिए मम्मी से लाल डोरा माँगने गई, तो वह सब्ज़ी छौंकने में हाथ जला चुकी थी। पुत्री की माँग सुनकर बौखला गई—'मर जा छोकरी, न जाने कहाँ से आ जाती है! हाथ जला दिया!'

रंजना सहमकर लौट गई। मम्मी का हाथ उसके जाने से पहले ही जल चुका था और वह उसे फूँक रही थी, पर क्या कहती?

चटपट उसने अपने नए बैंजनी फ्रॉक की तुरपन का रेशमी तागा निकाल दिया और भागकर दादी के पास खड़ी हो गई।

'लो दादी, बैंजनी होंठ बना दो। मम्मी भी तो कभी-कभी बैंजनी लिपस्टिक लगाती है। है ना रे, संजय?'

उसका जुड़वाँ भाई बहन के किसी भी मत का खंडन करने का कभी दुःसाहस नहीं करता था, उसने हंडा-सा सिर हिला दिया।

चश्मा लगाए दादी नवजात गुड़िया के भावी विवाह का आयोजन बनाती, पौत्र-पौत्री के लिए कल्पना के स्वर्गीय कक्ष का द्वार खोलती जा रही थीं—'चार गज़ किनारी गोटा, आधा गज़ पीला और आधा गज़ लाल रेशम, गुब्बारेवाले पट्ठे पर चिपकाए राँग के गहनों की पट्टी बेचता हैगा दस-दस पैसे में, छोटी-छोटी पूड़ियाँ मैं उतार दूँगी...'

दोनों बच्चों की आँखें दादी को निगलती जा रही थीं—दादी, पर ब्याह किससे करेंगे दादी?'

इस ओर तो किसी का ध्यान ही नहीं गया था। यही तो मुख्य समस्या थी। आसपास के समृद्ध गृहों के बच्चे कान्वेंट में पढ़ते थे। वहाँ पीतल की नथ लटकाए, राँग के आभूषणों से लदी इस सर्वथा भारतीय परिवेश में पली गुड़िया के लिए वर कहाँ जुटेगा?

अन्त में यही स्थिर हुआ कि दादी ही गुड्डे की सृष्टि कर पड़ोस में

भिजवा दें।

उधर अनाड़ी गृहलक्ष्मी चौके के मोर्चे पर सँडासी और चिमटे से जूझ रही थीं। आज तक जब भी इस गृह में दावतें हुईं, गृहिणी सर्वथा आँच से खिंची-खिंची रही, इसी से आज आँच ने भी प्रतिशोध ले लिया। बिना किसी पूर्वसूचना के ही फरफराकर गैस की लौ ने दम तोड़ दिया। टेलीफोन बिगड़ा धरा था। पत्थर की अँगीठी उसके बाप-दादों ने भी नहीं सुलगाई थी। कुछ भी तो नहीं बना था।

इतने ही में न जाने कहाँ से स्वयं बृहस्पति देवता उसके सम्मुख हँसते खड़े हो गए—'बीबीजी, नौक़र रखेंगी सरकार?'

छोटी ऐसी चौंकी कि छुरी हाथ से गिर पड़ी। उससे आँखें मिलते ही उस अपरिचित व्यक्ति ने अपना प्रश्न फिर से दुहराया और नम्रता से हाथ बाँधे दुहरा हो गया।

कैसा सुदर्शन चेहरा था! एकदम बड़े घर का कोई लाड़ला जैसे रूठकर चला आया हो।

'खाना बनाना जानते हो?' छोटी ने तटस्थ होकर अपने पहले प्रश्न का तमंचा दागा।

'ग्रैंड का हेडचेफ रह चुका हूँ, सरकार!'

'साइकिल चला सकते हो? बच्चों को स्कूल पहुँचाना होगा।'

'मोटर भी चला सकता हूँ, मेम साहब! मैकेनिक भी रह चुका हूँ।' वह हँसा और उसके स्वस्थ दाँतों की उजली मुस्कान ने छोटी को जीत लिया।

'जात क्या है जी तुम्हारी? और नाम?' छोटी ने जान-बूझकर ही यह प्रश्न पूछा, क्योंकि सास न जाने कब उसके पीछे आकर खड़ी हो गई थी।

उस सुदर्शन युवक ने हँसकर अपने झोले से कागज़ों का एक मुड़ा पुलिन्दा निकाल उसकी ओर बढ़ा दिया।

विभिन्न सर्टिफिकेटों में स्पष्ट टाइप के अक्षरों में भोलानाथ त्रिवेदी के कार्यपटु होने की मुक्त कंठ से प्रशंसा की गई थी। कान्यकुब्ज ब्राह्मण, साथ ही ऐसा हँसमुख। अपने कुल के ब्रह्मास्त्र से भोला ने अम्माजी को भी धराशायी कर दिया। चटपट भोला को नियुक्ति-पत्र मिल गया। ऐसे हीरे के टुकड़े को हाथ से जाने दे, ऐसी मूर्खा नहीं थी छोटी। आस-पास कई प्रतिवेशिनियों के भृत्यहीन जीवन के दारुण संघर्ष से वह अनभिज्ञ नहीं थी। मुँहमाँगी तनख़्वाह पर उनमें से कोई भी भोला को रख लेगी। बीस रुपए खुराकी पर भोला ने

पिछवाड़े के सागर-पेशे में अपना डेरा डाल दिया।

दोनों बच्चे भोला को देखते ही लट्टू हो गए थे। कैसा अंग्रेज़-सा गोरा था। मूँछों के बाल कैसे थे—एकदम सोने के-से तार! हँसी को गले ही में ऐसे घुटककर हँसता था कि दोनों कंजी आँखें मुंद जाती थीं। उस पर बढ़िया गोश्त बनाता था।

आठ ही दिन में भोला ने घर की गृहिणी और बच्चों को मोह लिया, एक अम्माजी पर उसका जादू नहीं चल पाया।

'मरा कंजा है, बहू! कैसी बिल्ले-सी आँखें हैं!' वह कहतीं, तो छोटी टोक देती—'आप भी कैसी बातें करती हैं, अम्माजी! आँखों से हमें क्या लेना-देना! हाथों में तो गज़ब की फुरती है। हरदम हँसता रहता है। एक बिशनसिंह था, मुआ! एक-दो ही मेहमान आ गए तो मुँह फुलाकर कुप्पा! यहाँ आजकल घर दिन-रात होटल बना रहता है!'

अम्माजी ने बहू का प्रच्छन्न व्यंग्य समझ लिया। इधर लगातार उसके भानजे-भतीजे उनकी कुशल-मंगल पूछने चले आ रहे थे, इसी से गृह को होटल के विशेषण से विभूषित किया गया था।

'इतनी सीख हमारी गाँठ बाँध लो बहू, नौकर हो या महरी, अगर काम में तेज़ है, तो मालकिन को चूना लगाने में भी तेज़ होंगे! नौकर तो मूर्ख ही रखना चाहिए बेटी!'

पर छोटी बहू के नक्कारखाने में अम्माजी की तूती का स्वर शून्य में विलीन होकर रह गया।

संजय तो भोला का अनन्य भक्त था, 'ही इज़ ए टेरिफिक शॉट, मम्मी! हवा में नया पैसा उछालकर मेरी एयर गन से छेद देता है! गज़ब का निशाना है!' संजय की आँखें प्रशंसा से चमकने लगतीं।

रेडियो से खबरें आतीं, तो भोला खरगोश-सा चौकन्ना हो जाता।

'हमारी फौज पाकिस्तानियों को पटापट पटक रही है। लाहौर का हवाई अड्डा भी हमने ले लिया...' नन्हा संजय जोश में आकर हवा में मुट्ठियाँ चलाने लगता।

भोला की चिन्तातुर मुद्रा देखकर छोटी का हृदय गर्व से भर उठता। कैसा जागरूक नागरिक है, हर बुलेटिन को सुनने तवे की रोटी छोड़ भाग आता है!

रात को नित्य भोला घूमने निकल जाता था। इसी बात को लेकर अम्माजी

ने छोटी को एक दिन झाड़ दिया—'क्यों री बहू, यह निगोड़ा रात को जाता कहाँ है? जब तू तनख़्वाह पूरी देती है, तो कुछ कहा कर। गृहस्थ का घर है। न जाने कब कौन-सी ज़रूरत आ पड़े।'

पर छोटी ने कुछ नहीं कहा। असल में वह दूध की जली थी। इसी से मट्ठा भी फूँक-फूँककर पीती थी।

पिछले नौकर बिशनसिंह से एक बार रात को सिनेमा न जाने को कहने पर उसने त्यागपत्र दे दिया था। कहीं भोला भी न चल दे!

'मेरा काम तो कर जाता है, अम्माजी! चाहे जहाँ जाए, मेरा क्या?'

कहने को तो वह कह गई, पर मन-ही-मन उसे चिन्ता का घुन लग गया था।

एक-दो दिन से भोला उसके लिए उलझे ऊन के गोले की भाँति नित्य अधिक-से-अधिक उलझता जा रहा था। रात का खाना निबटाकर वह बड़ी हड़बड़ी में एक झोला ले निकल गया था।

आधी रात को वह गुसलखाने जा रही थी तो देखा, चोर की भाँति भोला दबे पैरों अपने सागरपेशे की ओर जा रहा था, साथ में बड़ी-बड़ी मूँछोंवाला फिल्मी खलनायक-सा एक महाकुत्सित व्यक्ति भी था। अब क्या करे?

क्या अम्माजी को बता दे? और कहीं पूछने पर भोला का कोई निरीह आत्मीय निकला, तो?

अच्छा-भला नौकर भी हाथ से चला जाएगा।

दूसरे दिन हँसता-मुस्कुराता भोला चाय लेकर आया, तो वह कुछ नहीं पूछ सकी।

'कल एक दोस्त के साथ पिक्चर देखने चला गया था मेम साहब, इसी से उठने में देर हो गई।' उसने अपनी दन्तमंजन के विज्ञापन की-सी उजली मुस्कान का दर्पण चमकाया।

ऐसी नम्रता की बाढ़ में भला किसका क्रोध न बह जाता!

'ठीक है भोला, तुम चटपट अम्माजी को कलई के गिलास में चाय दे आओ, आज उनकी एकादशी है।'

'अभी लीजिए सरकार!' भोला हवा के खुशनुमा झोंके की भाँति आकर चला गया।

पहले अम्माजी किसी भी तरह उस नए नौकर के हाथ की चाय पीने को राज़ी नहीं हुई थीं, पर बहू ने बार-बार उसके कान्यकुब्ज ब्राह्मण कोने की पुष्टि

की, तो उन्हें मानना ही पड़ा।

पर उसी एकादशी को उस नवीन ब्राह्मण का ब्रह्मतेज स्वयं ही फीका पड़ गया। शेर की खाल के नीचे गीदड़ का सिर बुरी तरह झाँकने लगा।

'मम्मी...मम्मी, भोला नमाज़ पड़ता है...नमाज़!' दोनों बच्चे गिरते-पड़ते उससे लिपट गए।

'क्या?' छोटी जैसे आकाश से गिर पड़ी।

'हाँ; ममी, सच! आज हम दोनों ने सोचा, छिपकर देखेंगे कि यह रोज़ कमरा बन्द कर क्या करता है। हमने देखा नमाज़ पढ़ रहा है। मम्मी, जल्दी चलिए, पूरे कमरे में नक्शे फैले हैं। एक मूँछोंवाला आदमी भी है।' बच्चे उसे खींच ले गए।

खिड़की की दराज़ से उसने झाँका। दोनों नमाज़ पढ़ चुके थे और ज़मीन पर फैले एक नक्शे को बड़े गौर से देख, फुसफुसा रहे थे।

छोटी ने पलक झपकाते ही स्थिति भाँप ली। चट से साँकल चढ़ाकर ज़ोर से चीखी–

'चोर...चोर! पकड़ लो इन्हें! भागने न पाएँ।'

देखते-ही-देखते अड़ोस-पड़ोस की भीड़ जुट गई। कोई कहता–'कर्नल साहब के बंगले में दो बुर्केवालियाँ पकड़ी गई हैं।'

कोई कहता–'बीस हैं, बीस!'

द्वार खुलते ही भीड़ उन दोनों के बायरलेस और नक्शे देखकर बौखला गई।

कई सम्मिलित लात-घूँसों ने कान्यकुब्ज ब्राह्मण और उसके मुछन्दर साथी से असली जात उगलवाकर धर दी। हमीद और लतीफ थे दोनों। पिछले कई दिनों से पुलों के नक्शे उतार रहे थे। छतरियों से उतरे थे।

'मेरे यारो, अब उतार लो ससुरों के नक्शे और लटका दो उल्टा इन्हीं छतरियों पर!' एक मोटे-से सरदार ने अपने रसिक प्रस्ताव के साथ ही लाठी घुमाई और बड़े तनाव में आगे बढ़ आया।

भीड़ सहमकर पीछे हट गई।

लस्सी की दुकानवाले सरदार को सब जानते थे। कुछ ही दिन पहले उसका इकलौता जवान बेटा अमृतसर की निर्मम बमबारी में मारा गया था।

'घर बैठे ही वाहे गुरु ने परसाद भेज दिया! आज इन्हीं की कलेजी से रोटियाँ खाऊँगा।' वह वीभत्स हँसी हँसा और हवा में लाठी घुमाने लगा।

'ना बेटा ना!' न जाने कहाँ से भीड़ चीरकर बूढ़ी दादी ने सरदार की क्रोध से थरथराती बाँहों को थाम लिया–'इन्हें मारकर क्या तेरा बेटा लौट आएगा?'

'ना लौटे, मेरा कलेजा तो ठंडा होगा!'

सरदार की आँखें आग उगल रही थीं 'छोड़ दे मुझे अम्मा, आज इन सालों का भेजा तोड़कर रहूँगा।'

पर दादी हमीद और लतीफ के बीच अडिग भव्य देवी की मूर्ति-सी होकर रह गईं।

कहीं से खबर पाकर पुलिस की गाड़ी भी आ गई थी और आते ही पुलिस ने घेरा डाल दिया था।

भीड़ में आलोचना का स्वर बुलन्द होता जा रहा था–

'न जाने कहाँ से आ गई बुढ़िया, नहीं तो यार, आज मज़ा आ जाता!'

'और क्या, पटापट खोपड़ियाँ खोलकर रख देता सरकार!'

'हम ऐसे पाकिस्तान में उतरते, पकड़े जाते, तो क्या वहाँ की भीड़ हमें छोड़ देती?'

'अजी, हमारी बोटियाँ कुत्तों को खिला दी जातीं–कुत्तों को।'

'यही तो हमारी कमज़ोरी है! मरना जानते हैं, पर मारना नहीं!'

पुलिस दोनों को पकड़ ले गई तो धीरे-धीरे भीड़ स्वयं ही छँट गई।

सास और बच्चों के साथ छोटी भी अपने बंगले में लौट आई। उत्तेजना से उसकी देह अभी भी काँप रही थी।

'इतने दिन साँप को मैंने आस्तीन में रखा अम्माजी, कहीं डँस लेता तो?' उसकी सहमी आँखों में आँसू भर गए।

दादी के हृदय ने उस साँप को क्षमा कर दिया था, पर संस्कारों ने अभी भी घुटने नहीं टेके थे।

एक लम्बी साँस खींचकर वह सोफे पर लुढ़क पड़ीं–'मुझे तो डँस ही गया बहू! पितृपक्ष की एकादशी के दिन मुआ गिलास-भर चाय पिला तार गया मेरे पुरखों को! अब आज ही रात की गाड़ी से काशी चल दूँगी!' झर-झर कर उनकी आँखें बरस पड़ीं।

'नहीं दादी, नहीं, मेरी गुड़िया के लिए गुड्डा कौन बनाएगा?'

रंजना दादी से लिपट गई, पर नन्हीं पौत्री के दुलार-भरे बेड़ी के बन्धन भी उन्हें नहीं रोक पाए–'नहीं, लाडो, मुझे आज ही काशी जाकर प्रायश्चित

करना होगा!'

और रात की गाड़ी से दादी रंजना की गुड़िया को चिर स्वयंवरा छोड़ पुण्यसलिला भागीरथी में तिलपात्र और गोदान के साथ एक सौ बीस डुबकियाँ लगाने का पावन संकल्प कर काशी चली गईं।

भीलनी

विलासिनी दर को मैंने जब पहली बार देखा, तब उसके उजले ललाट पर मद्रासी कत्थई कुमकुम की अनिंद्य द्युति ने ही मुझे सर्वाधिक मोहा था। किसी भी ललाट पर बिन्दी की ऐसी अनुपम छटा मैंने फिर कभी देखी हो ऐसा मुझे स्मरण नहीं पड़ता। वह कश्मीरी थी, इसी से उसके गौर वर्ण में वह स्निग्ध सफेदी थी, जो कश्मीरी त्वचा में, रक्तमज्जा के साथ, रसी-बसी रहती है। फिर जब मैंने उसे पहले-पहल देखा, वह सम्भवतः उसी ऐतिहासिक नव तारुण्य की वयःसन्धि पर खड़ी थी, जहाँ पैर रखते ही गर्दभी के अप्सरा बन जाने का उल्लेख हमारी एक भारतीय कहावत ने कुछ-कुछ अशालीन लगनेवाले शब्दों में किया है। एक तो वह मोहक कच्ची वयस, दूसरे, स्वयं उस अपूर्व सौन्दर्य का जादू, नारी होने पर भी मुझे मोह गया था। सीधे-सपाट काले बालों को वह 'एलिस इन वंडरलैंड' वाले अन्दाज़ में ही एक फीते से कसकर बाँधे रहती; कुछ-कुछ कंजी आँखों में सुरमे की प्रगाढ़ रेखा ऐसे कौशल से खिंची रहती कि सामान्यतया छोटी आँखों की परिभाषा में बाँधी जानेवाली आँखें भी बहुत बड़ी-बड़ी लगने लगतीं।

"अरे, आप इसी बस में आ गईं? दिद्दा ने तो लिखा था, आप शाम तक पहुँचेंगी। हमारा बंगला ढूँढ़ने में मुश्किल तो नहीं आई?" आसाम के चीफ जस्टिस का बंगला ढूँढ़ने में मुझे भला मुश्किल कैसे आ सकती थी!

संकोच अवश्य मुझे प्रतिपल धरातल में धँसा रहा था—'जान न पहचान, मैं तेरा मेहमान' बनकर ही तो मैं वहाँ चली आई थी। अचानक ही मुझे तार से सूचना मिली थी कि मेरे बी.ए. की परीक्षा का सेंटर शिलौंग के सेंट एंड्रूज कॉलेज में पड़ा है। वहाँ जाते ही कहाँ रहूँगी, इस समस्या का समाधान तत्काल किया था विलास की ममेरी बहन मालिनी कौल ने। मालिनी मेरी सहपाठिनी

थी—"चिन्ता क्यों करती हो, मेरे फूफाजी की शिलौंग में बहुत बड़ी कोठी है, उन्हें आज ही तार कर दूँगी, तुम वहीं रहकर परीक्षा दे सकती हो!"

उन दिनों शान्तिनिकेतन कलकत्ता विश्वविद्यालय से सम्बद्ध था, परीक्षा देने हमें कलकत्ता जाना पड़ता था या फिर शिलौंग। कलकत्ता में उन दिनों द्वितीय विश्वयुद्ध की नाना अफवाहें उड़ रही थीं कि जापानियों ने एक बम गिरा दिया है, दूसरा शीघ्र ही गिरानेवाले हैं आदि। मेरे पिता ने ही आश्रम-सचिव को पत्र लिख मेरी परीक्षा का सेंटर शिलौंग में रखने का अनुरोध किया था। मुझे एक प्रकार से अनिच्छा से ही परीक्षा देने वहाँ जाना पड़ा था; किन्तु वहाँ पहुँचते ही उस अपरिचित परिवार ने मुझे जिस स्नेहपूर्ण आत्मीयता से अपने आतिथ्य की डोर में बाँधा, उसने मुझे उनसे ऐसे घुला-मिला दिया, जैसे मेरा उनसे वर्षों का परिचय हो!

जस्टिस दर की केवल दो पुत्रियाँ थीं—सुहासिनी और विलासिनी। सुहासिनी छोटी बहन विलासिनी की तुलना में रूप-रंग, डील-डौल में अत्यन्त अनाकर्षक थी। उसके अस्वाभाविक रूप से लम्बे कद ने उसके चौड़े कन्धों को क्षमा माँगने के-से अनाकर्षक झुकाव में झुका दिया था। आवश्यकता से अधिक लम्बी नाक, आवश्यकता से अधिक चौड़ा कल्ला और आवश्यकता से अधिक सपाट छाती ने उसके विचित्र व्यक्तित्व को किसी बृहन्नला की-सी छवि में ढाल दिया था। उसका प्रत्येक अवयव लाइफ-साइज़ से कुछ बड़ा ही लगता। एक बार गलती से मेरे पैर उसकी चप्पलों में चले गए तो लगा, तैरने लगी हूँ। सुहास दिद्दा हँसती भी तो पुरुषोचित ठहाके लगाकर। यही नहीं, होंठों के ऊपर मूँछों की हल्की स्याह रेखा भी उभर आई थी, रही-सही कसर लोमश कपोल पर उभरे भूरे मस्से ने पूरी कर दी थी। आश्चर्य होता था कि एक ही माता-पिता की सुदर्शन जोड़ी ने दो विरोधाभासों की साकार परिभाषा-सी इन दो बहनों की सृष्टि कैसे की होगी! मिसेज़ दर, बूटे से कद की, अत्यन्त आकर्षक महिला थीं। सफेद कानों को फाड़कर झूलते दोनों अटेरू, वह जूड़े में अटकाकर डोरी से ऐसे लटका देती कि कान के जगमगाते हीरों के पीछे झूलते वे कश्मीरी सोहागचिह्न उस व्यक्तित्व-सम्पन्न महिला को और भी तेजस्वी बना देते, जैसे किसी भव्य संगमरमरी इमारत पर लटक रहे जगमगाते कन्दील हों! किन्तु मुझे कश्मीरी सौन्दर्य में प्रायः आँखों को चौंधियानेवाला तेज़ ही अधिक दिखता है, शीतल करनेवाला स्निग्ध प्रकाश नहीं। श्रीमती दर का सौन्दर्य भी देखनेवाले को सहमाता ही अधिक था, मोहता

कम। उनके आतिथ्य में कभी-कभी उनके दम्भी स्वभाव का अहंदीप्त कश्मीरी तेज़ स्पष्ट हो उठता और मैं संकोच से सिमट उठती। किन्तु विलास न जाने कैसे अपनी तेजस्वी माँ की उपस्थिति में मेरा संकुचित होना भाँप लेती—"ममी, आप जाइए, आपको आज गवर्नमेंट हाउस की मीटिंग में जाना है ना! हम नाश्ता कर लेंगे..."

उन दिनों उच्चपदस्थ अफसरों की पत्नियाँ राजभवन में द्वितीय युद्ध की भूमिका बाँधने का महत्त्वपूर्ण कार्य कर रही थीं। "राजभवन में एक नियत समय पर सब एकत्र होतीं, ढेरों खाकी ऊन की ढेरियाँ बना प्रत्येक को सौंप दी जातीं। युद्ध-क्षेत्र में युद्धरत सैनिकों के लिए न जाने कितने जोड़ी दस्ताने, होज, स्वेटर, ममी बुन-बुनकर भेज चुकी हैं। मुझे और दिद्दा को भी उनकी मदद करनी पड़ती है। छिः, अब तो खाकी रंग देखकर ही मुझे उबकाई आने लगी है! ऐसी समाज-सेवा ममी को कभी नहीं उबाती—देखने में ममी जितनी रूखी लगती हैं, उतनी असल में हैं नहीं।" वह कुछ-कुछ खिसियाए स्वर में कुछ ही क्षण पूर्व ममी के मुझसे पूछे गए दम्भी प्रश्न के लिए मूक क्षमायाचना कर रही थी। जाते-जाते उसकी दम्भी ममी ने अपने सुन्दर चेहरे को अपने ओछे दम्भी प्रश्न की मनहूसियत से स्वयं विकृत कर लिया था, "क्या करते हैं तुम्हारे फादर?"

"मैं ममी को भी दोष नहीं देती," विलास कहने लगी, "यह हमारी कश्मीरी कौम की मज्जागत दुर्बलता है कि अपनी गोरी चमड़ी के अहं से हम कभी मुक्त नहीं हो पाते—ममी की बातों का बुरा न मानना...।"

परीक्षा समाप्त हुई और मैं दूसरे ही दिन वापस लौटने का प्रोग्राम बनाने लगी तो विलास ने मुझे बड़े आग्रह-भरे दुलार से रोक लिया—"इत्ती गर्मी में कलकत्ता जाकर क्या करोगी? अभी तुमने शिलौंग ठीक से देखा भी नहीं है। धानखेती, मुल्की—सब घुमाएँगे तुम्हें। हमारी ब्रह्मपुत्र नदी का पाट, तुम्हारे बंगाल-बिहार की नदियों के पाट से कितना चौड़ा है, कितना आकर्षक, यह तो देखती जाओ। स्टीमर पर हबीबगंज भी घुमा लाएँगे तुम्हें। स्टीमर पर ही एक मछलीवाला ताज़ी बाग्दी चिंग्ड़ी पकड़कर वहीं फ्राई कर खिलाता है, ऐसी स्वादिष्ट मछली तुमने कभी नहीं खाई होगी।"

जैसा ही विचित्र टेढ़ा-मेढ़ा शहर था हबीबगंज, वैसा ही त्रिभंगी था वह मछली बेचनेवाला। हथ-अँगीठी में ही कड़ाही-भर तेल छोड़ देता, फिर पेशेवर सधे अन्दाज़ से जाल नदी में छोड़ एक झटके से ऊपर खींचता और फड़फड़ाती

नन्हीं बाग्दी चिंग्ड़ी मछलियाँ सीधे ब्रह्मपुत्र से निकलकर गर्म तेल में गिरतीं। मैं आँखों के ही सम्मुख तड़फड़ाकर गर्म तेल में पंचतत्त्व प्राप्त उन फ्राई मछलियों को चाहने पर भी नहीं चख पाई किन्तु विलास उन्हें चर्र-मर्र कर ऐसे चटखारे लेकर चाब गई, जैसे करारे पापड़ के टुकड़े हों! "देख, वह रहा हबीबगंज, ऐसे अष्टावक्र मोहक छवि देखी है पहले कभी किसी शहर की?" उसने हँसकर मुझे स्टीमर के हिलते-डुलते डेक पर खड़ा कर दिया—सचमुच ही कैसी विचित्र छटा थी! प्रत्येक मकान गिरने को तत्पर, पर जैसे गिरते-गिरते किसी ने जादुई छड़ी घुमाकर उन्हें धराशायी होने से पहले ही बचा लिया हो!

"यहाँ दिन-रात भूकम्प के झटके आते रहते हैं, इसी से काठ के इन घरौंदों की कमर कभी दाएँ झुकती है, कभी बाएँ...'देयर वाज़ ए क्रूकेड मैन' वाली कविता पढ़ी है ना तुमने?" उसने हँसकर कहा और मुझे सचमुच ही बचपन में पढ़ी उस नर्सरी राइम के टेढ़े बूढ़े की टेढ़ी छड़ी, टेढ़े पेड़, टेढ़े घर की छवि याद हो आई। उस एक ही सप्ताह की अवधि में हम दोनों गहन मैत्री की डोर में बँध गईं। दूसरे वर्ष मैंने बड़े आग्रह से उसे आश्रम के सातवीं पौष के मेले में आने का निमन्त्रण दिया, तो उसका उत्तर आया—'अजी नहीं, मैं नहीं आ रही हूँ, आ रही हो तुम। सुहास दिद्दा का विवाह कलकत्ता से ही हो रहा है, मैंने मालिनी दिद्दा को लिख दिया है, अपने साथ तुम्हें भी लेती आएँगी...।'

बड़ी कठिनाई से ही मुझे कलकत्ता जाने की अनुमति प्राप्त हुई थी। पहली बार मुझे विलास का उत्फुल्ल चेहरा कुम्हलाया-सा दिखा। क्या बड़ी बहन भीलनी के सम्भावित वियोग से ही उसका चेहरा उतर गया था? मैंने पूछा तो वह हँसकर टाल गई। उधर सुहास दिद्दा के उत्साह का उत्स पूरे वेग से उमड़ रहा था, कभी प्रसिद्ध आभूषण विक्रेता एम.बी. सरकार का गहनों का कैटलोग खोलकर घंटों नये-नये आभूषणों का नक्शा उतारतीं, कभी साड़ियों के मैचिंग ब्लाउज़ ढूँढ़ने इधर-उधर भागतीं, किन्तु नित्य इधर-उधर भागनेवाली विलास जैसे एकदम ही गुमसुम हो गई थी। बड़ी बहन के आसन्न विवाह तिथि ने उसे और भी गम्भीर बना दिया था। धीरे-धीरे मैंने एक दिन उसके म्लान चेहरे का रहस्य स्वयं उसी से स्पष्ट करवा दिया। सुहास दिद्दा के इस सम्बन्ध से पूर्व कई बार उनका सम्बन्ध स्थिर होते-होते टूट गया था। प्रायः ही दो बहनों की जोड़ी में बड़ी के अनाकर्षक और छोटी के आकर्षक होने पर जैसा वैषम्य सगी बहनों को भी चीरकर दूर पटक देता है, वैसी ही पटकन प्रत्येक बार उन

दोनों बहनों को क्षणिक बिलगाव में विलग करती, फिर दोनों सबकुछ भूलकर एक हो जातीं। प्रत्येक बार ही विलास बड़ी बहन का सौभाग्य-द्वार अवरुद्ध कर खड़ी हुई थी। जो भी पात्र बड़ी बहन को देखने आता, वह छोटी को पसन्द कर लौटता, इसी से इस बार विलास को बड़े यत्न से सात कपाटों में मूँदकर रखा गया था। लड़का बड़ी दूर से आया था, बस्तरप्रवासी कश्मीरी परिवार के उस सुदर्शन तरुण ने जनम से ही अर्धनग्न काली भुजंग भील रमणियों के सौन्दर्य को देखा था, इसी से उसे उस दिन अस्वाभाविक रूप से लम्बे कद की गोरी, उजली, मर्दानी सुहास दिद्दा भी आकर्षक लगी थीं। फिर विलास के एक मामा वर्षों तक कलकत्ता की न्यू थियेटर्स फिल्म कम्पनी में कैमरामैन रह चुके थे, उन्होंने भानजी के लम्बोतरे चेहरे पर विद्युत प्रकाश का ऐसा सन्तुलित सधा फोकस बाँधा कि बेचारा आदिवासियों के साहचर्य का अभ्यस्त, कश्मीरी तरुण उस धूपछाँह की मरीचिका में भटककर रह गया। उधर सुन्दरी चुलबुली विलास सातों द्वारों का व्यवधान चीर बन्द सप्तम द्वार की दरार से नवीन अतिथि को एकटक घूरे जा रही थी। जैसा ही आकर्षक कद था, वैसा ही रंग। प्रत्येक बार दिद्दा के व्यर्थ यौवन की पराजय और अपने सार्थक सौन्दर्य की विजय का अभ्यस्त उसका अविवेकी चित्त उस यौवन-दीप्त दर्पित युवक को अपने रूप की मूठ चला घायल करने को ललक उठा। अतिथि के जाने पर ही जब उसके द्वार खुले, तब उसका सारा गुस्सा निरीह दिद्दा पर ही उतरा था—"हद है बदतमीज़ी की! घंटों हमें आप ही के लिए ऐसे बन्द कर दिया गया, इससे तो हमारे चेहरे पर कोलतार पोत हमें वहीं बिठा लेतीं, वह भी हमें मंजूर था—तबीयत घबरा ही नहीं गई, बेहोशी आने लगी थी हमें। अब के इन हज़रत ने भी आपको पसन्द नहीं किया, तो समझिए कि हमें बेकार ही बन्द किया गया!"

सिरचढ़ी छोटी बहन की बकवास की अभ्यस्त धरती-सी सहिष्णु सुहास दिद्दा ने हँसी में बात टाल दी थी।

"तब सुन विलास, इस बार हम पसन्द नहीं किए गए, तो हम .ख़ुद ही यह सर्कस बन्द कर देंगे। तू क्या सोचती है, मुझे ये बार-बार मनहूस चेहरे पर रंगीन बुँदकियाँ रख जोकर बनना अच्छा लगता है? नहीं पसन्द किया, तो हम डाक्टरी पढ़ेंगे—अँगूठा दिखा देंगे इन मुए मरदों को, समझीं?"

लेकिन हुआ उलटा। सुहास दिद्दा पसन्द कर ली गईं, और मरदों को अँगूठा दिखाने डाक्टरनी बनी बेचारी विलास! सुहास दिद्दा की पसन्दी के

समाचार को महोत्सव के रूप में ही ऐसी धूम से मनाया गया था, जैसे किसी समृद्ध गृह का कुपुत्र वर्षों तक हाई स्कूल में फेल हो, सहसा प्रथम श्रेणी में पास हो गया हो! विलास के म्लान चेहरे का रहस्य, उसने इसी मोड़ पर आकर स्वयं उगल दिया था–"जिस दिन हमने पहली बार उसे द्वार की दरार से देखा, उसी दिन हमने मूर्ख प्रण कर लिया था कि विवाह करेंगे तो इसी से, नहीं तो आजन्म कौमार्य सेंतेंगे! ये हज़रत सुहास दिद्दा को कभी पसन्द नहीं करेंगे और जहाँ अस्वीकृति का तार आएगा, वहीं हम बेहया बन डैडी से कह स्वयं अपना स्वयंवर रचा लेंगे!" पर बन्द द्वार की दरार से झाँकती उन आम की फाँक-सी आँख को देखा ही किसने था? विवाह के दिन जब उसने पहली बार विलास को देखा, तब गौतम तक के चेहरे की हताश शून्यता केवल मैंने ही देखी थी। शायद जान-बूझकर ही विलास ने उस दिन वैसा घातक श्रृंगार किया था। कानों में तब बंगाल में अत्यन्त लोकप्रिय रुपए के आकार के डायमंडकटी कानपाशा, जूड़े में बेले का गज़रा, ललाट पर वही दक्षिणी कत्थई कुमकुम की बिन्दी, बारातियों को पहनाने आए बेले के एक हार को छीनकर उसने स्वयं अपने गले में डाल लिया था। लाल बनारसी साड़ी में स्वयं नववधू लग रही विलास, कंठ में पड़े और जूड़े में पगे बेला हार के पराग सौरभ का नवोल्लास हास-सुवास बिखेरती, फिर नौशे के सम्मुख हाथ जोड़कर हँसती हुई खड़ी हो गई थी–"स्वागत करो जीजाजी, मैं आपकी इकलौती साली हूँ विलासिनी... ।"

एक पल को जैसे केवल नौशा ही नहीं, एक-एक बाराती, एकटक उस रूपसी साली को देखते ही रह गए। कालिदास ने सुधालिप्त प्रासादों पर जिन कुंचित केशवाली युवतियों का समीप आए अर्द्धकान्तियुक्त अष्टमी के चन्द्रमा को पकड़ अपने केशमध्य गुँथी केवड़े की कोंपल से पूर्ण करने का वर्णन किया है, उन्हीं में से एक वन विलास ने उसी क्षण उस नवागत चन्द्र को पकड़ अपने केश में बेले के गज़रे से बाँध लिया। मैं उस दिन के उस नौशे चेहरे की अवाक् मुद्रा को आज तक नहीं भूल पाई हूँ। उसकी आहत दृष्टि सम्मुख खड़ी स्वागत में दुहरी विलास को प्रतिपल उपालम्भ के अदृश्य बाणों से बींध रही थी–कहाँ छिपी बैठी थीं तुम उस दिन? तुम्हें छिपाकर ही क्या मुझे धोखा देने तुम्हारी बड़ी बहन को दिखाया गया था?

विवाह के तीसरे ही दिन मैं वहीं से घर चली गई थी। कभी-कभी भूले-बिसरे हम दोनों पत्रों के माध्यम से एक-दूसरे का कुशल-क्षेम पूछती रहीं,

फिर वह सिलसिला भी टूट गया। विलासिनी के अन्तिम पत्र ने मुझे उसकी इंटर्नशिप का समाचार दिया था, वह डाक्टरनी बन चुकी थी, फिर पता नहीं किस अन्तरिक्ष में वह विलीन होकर खो गई। इतने वर्षों पश्चात वह अचानक फिर ऐसे मिल जाएगी, इसकी कभी कल्पना भी नहीं की थी। इसी से जब उसे देखा, तब मैं उसे बिना पहचाने ही अपनी व्याधि का परिचय देने लगी थी। ''करीब एक महीने से कलेजे में निचली ओर बेहद दर्द रहता है डाक्टर, कभी-कभी वेदना असह्य हो उठती है...''

''जानती हूँ, जानती हूँ—यह वेदना उम्र के साथ-साथ कभी ऐसी ही असह्य हो उठती है। उसे कहते हैं—स्मृति-वेदना; किन्तु हमारी डाक्टरी इसका उपचार करने में आज तक असमर्थ ही रही है।'' स्वर प्रच्छन्न परिहास की चिरपरिचित खनक पहचानते ही मैंने चौंककर देखा—फिर दूसरे क्षण रोगिणी चिकित्सका से लिपट गई थी! ''कैसी मूर्ख हूँ मैं, तुम्हें नहीं पहचान पाई, जबकि तुम ज़रा भी नहीं बदलीं; पर तुम्हारा यह मनहूस चश्मा और सफेद चोगा न होता तो मैं ठीक ही पहचानती।'' मैंने कहा तो वह हँसने लगी।

''कैसी बातें करती हो—एकदम बुढ़ा गई हूँ और तुम कहती हो, नहीं बदली! चलो, अच्छा हुआ—बड़ी इच्छा थी तुम्हें एक बार देखने की। भला हो तुम्हारे मर्ज़ का, जिसने ऐसे अकस्मात् मिला दिया! आठ दिन बाद आतीं तो मैं नहीं मिलती...''

''क्यों, बदली हो गई क्या?''

''हाँ; यही समझो। खिलवाड़ ही में, काबुल की एक विज्ञप्ति पढ़, अर्जी डाल दी थी। कल तार आ गया है—फौरन चली आओ। अगले हफ्ते जा रही हूँ...'' चश्मा उतारकर उसने नीचे रख दिया और तब ही मैंने देखा कि शरीर भले ही न बदला हो, उसकी आँखें निश्चय ही बदल गई थीं। उदास निमग्न आँखों में यौवनदीप्त चटुल विभा रह भी सकती थी! किन्तु आँखें ही देखकर मैं जान गई थी कि अवसाद के कठिन क्षणों को वह शायद मुझसे भी अधिक झेल चुकी है। किसी नारी की ऐसी अकथ वेदना का इतिहास केवल नारी ही उसकी आँखों की गहरी झील के प्रतिबिम्ब में देख सकती है, पुरुष नहीं।

''चलो, मेरे बंगले पर ही तुम्हारा मर्ज़ पकड़ेंगे।'' उसने हँसकर मेज़ पर धरा आला उठा लिया।

फिर अपनी कार में ही मुझे अपने बंगले में खींच ले गई। लाल ईंटों का बना उसका वह बंगला वैसा ही था, जैसा एक कर्मठ, कार्य-व्यस्त डाक्टरनी

का हुआ करता है। डनलप के मोटे गद्दे से ढँका दीवान, विराट सोफा, जिसे देखकर ही लगता था कि वह अब तक मानव-नितम्बों के स्पर्श से वंचित ही रहा है, न कहीं एक शिकन, न स्थानच्युत कुशन, उदासीनता से पसरी कुर्सियाँ, धूल-भरी पीतल की विभिन्न आकार की ऐश-ट्रे, दवाओं के विज्ञापन, खुली आँत और गर्भाशय के चित्रों से विकृत कैलेंडर, उड़ते पर्दे की भाँज से दिख रहा इग्जैमिनेशन काउच। लगता था, विलास घर पर भी मरीज देखा करती थी। विभिन्न आकार के तिकोने, गोल उन्नत-उदरों पर हाथ टिकाए कई महिलाएँ बरामदे में उसकी प्रतीक्षा कर रही थीं। "तुम थोड़ा सुस्ता लो, मैं इन्हें निबटा लूँ...।

वह भीतर चली गई, थोड़ी देर में एक नौकरानी मुझे शर्बत का गिलास थमा गई। शर्बत की पहली घूँट के साथ ही मेरी नज़र सामने मेज पर धरे स्टील के फ्रेम में मढ़े चित्र पर पड़ी। लगता था, विवाह के बाद ही सुहास दिद्दा ने वह तस्वीर खिंचवाई थी; पर कौन कहेगा, यह सुहास दिद्दा हैं! या तो उनके अनाकर्षक नैन-नक्श को चतुर-चितेरे की कलम ने उस दक्षता से सँवारा था, या फिर सुदर्शन पति के साहचर्य ने उस चेहरे को ऐसी माधुर्य-दीप्ति से मंडित कर दिया था। कान फाड़कर झूल रहे अटेरू उनके ससुराल से चढ़ावे में आया था। निश्चय ही वह चित्र विलास के कैमरामैन फिल्मी मामा ने उतारा होगा, क्योंकि सुहास दिद्दा के होंठों पर वही सगाईवाले चित्र की मीठी, मोहक मुसकान थी। मैंने ध्यान से फिर जीजाजी के चेहरे को देखा, कैसी अद्भुत कोटि काम लजावनहारी छवि थी! किन्तु उस चेहरे पर पौरुष दीप्ति से अधिक प्रखर नारी-सुलभ लालित्य की दीप्ति थी। मैंने तो एक दिन विलास से कहा था—'तेरे जीजा को अगर साड़ी पहना दी जाए तो एकदम एल्फ्रेड थियेटर कम्पनीवाली 'शैव्या' लगेंगे।'

मैं चित्र को ही देख रही थी कि सहसा, न जाने किस द्वार से आकर विलास धम्म से सोफे में धँस गई, "हाँ; अब बताओ, कहाँ दर्द और कब से?" वह हँसी—'कैसा ही पुराना छुपा मर्ज़ क्यों न हो डाक्टर विलासिनी दर चुटकियों में पकड़ सकती है, समझीं?" परिहास में मजीरे-सी बजती चुटकी के साथ-साथ उसकी अँगुली में पड़ी हीरे की अँगूठी दमकी, और मैंने वर्षों पूर्व देखी सुहास दिद्दा की उस अँगूठी को पहचान लिया—यही नहीं, देखते ही मैं अपना मूर्ख प्रश्न भी पूछ बैठी—"सुहास दिद्दा कहाँ हैं विलास? कितने बच्चे हैं उनके?"

एकाएक विनोदिनी विलास का चेहरा गम्भीर हो गया—'सुहास दिद्दा नहीं

रहीं—एक ही लड़का था, उसे लेकर ममी-डैडी विदेश ही में बस गए हैं।''

''और जीजा?''

''वह भी नहीं रहे।'' नतमुखी विलास ने क्या अनजाने ही अँगूठी का मुँह घुमाकर नीचे कर दिया था? उसके कहने के ढंग से मुझे लगा, उसके अतीत की यह खोंचखाँच उसे अच्छी नहीं लग रही है। उसके चेहरे का भरा-भरा सूनापन पूरे कमरे में पसर गया—तभी 'ममी-ममी' करती एक फूल-सी कोमल नंगी बालिका उससे आकर लिपट गई। उस गोरी गदबदी बच्ची को दूर से देखकर भी पहचाना जा सकता था कि वह विलास की बेटी है। वैसा ही गोरा भभूका रंग, कंजी आँखें, पतली नाक; किन्तु कुंचित केश के काले छल्ले देखते ही मेरी आँखों में वर्षों पूर्व, कोहबर में नवीन साली को देख, मन्त्रमुग्ध खड़े नौशे की अभिनव छवि तैर गई। फूलों के सेहरे को उठाकर उसने अपने ऐसे ही घुँघराले बालों पर डाल लिया था और फूलों की मोहक सफेद चिलमन से झाँकते वे काले सघन केशगुच्छ और भी काले लगते बरबस दृष्टि को बन्दी बना ले रहे थे।

''ओह, तो तुम विवाह कर अन्ततोगत्वा हमारी ही बिरादरी में आ गईं—क्यों?'' मैंने हँसकर कहा, ''मुझे बड़ी खुशी है कि तुमने अपने बेतुके प्रण का पालन नहीं किया। याद है ना, कैसा मूर्ख प्रण किया था तुमने एक बार?''

''प्रण तो अभी भी वैसा ही है!''

''मतलब?''

''मतलब, मेरी नेम-प्लेट नहीं देखी क्या? डाक्टर कुमारी विलासिनी दर। अपने कौमार्य की इससे मुखर घोषणा और कर ही कैसे सकती हूँ...!''

मैंने बिना मुँह से कहे ही अपनी दृष्टि के माध्यम से ही उससे अपना मूक प्रश्न पूछ लिया—''तब यह बच्ची किसकी है? इसने तो अभी तुम्हें ममी कहकर पुकारा था!''

''मयूरी, जाओ बेटा, नहाकर आओ। आया...आया...कैसे भेज दिया बेबी को?'' हाथ में तौलिया लिए आया भागती-भागती आ गई—''का करी मेमसाहब, आँखी का काजर निकारे लेत हैं ये बिटिया, हम पाउडर निकालन लगी, मुला चट से नंगी भाग आईन—चलो भीतर...'' उसके नंगे बदन को तौलिये में लपेटकर वह उसे चील-सी उठा ले गई।

''तुम क्या समझीं, वह मेरी बच्ची है?'' उसने हँसकर कहा, ''मेरी नई-नई पोस्टिंग तब बरेली में हुई थी, एक सत्रह-अठारह वर्ष की कुँआरी माँ मेरे लिए

अपने कौमार्य का यह अवांछित तोहफा छोड़ गई थी। पहले मैंने सोचा, मिशन को दे दूँ, पर फिर सोचा, अकेली रह गई हूँ, क्यों न मैं ही इसे पाल लूँ! बेचारी यह समझती है कि मैं ही इसकी माँ हूँ।''

मैंने उसे अविश्वास से देखा, तब क्या यह केवल विचित्र संयोगमात्र था? किन्तु ऐसा संयोग भी क्या सम्भव हो सकता था? फिर वह स्वयं ही किसी सम्मोहित माध्यम-सी बोलने लगी–''सुहास दिद्दा का विवाह हुआ तो मैं अपनी अधूरी डाक्टरी पूरी करने चली गई। एक बार छुट्टियों में दिद्दा आकर मुझे अपने साथ लिवा ले गईं। जीजा के साथ हम दोनों बहनें कितना घूमीं–कितनी पिकनिक कीं, चाँदनी रात में बजरे की सैर की, घुड़सवारी सीखी, तैरना सीखा। अब सोचती हूँ, शायद तैराकी का वही प्रशिक्षण मुझे निरन्तर घातक गहराई में खींचता चला गया था। तैरते-तैरते मैं अनाड़ी तैराकी के बीच बुरी तरह पानी में डूबने-उतराने लगती तो जीजा सर्र से तैरते-तैरते अपनी दोनों हथेलियों पर मेरी डूबती-उतराती देह को थाम लेते। मेरा कलेजा इस बुरी तरह धड़कने लगता कि मुझे लगता, अब मुँह से निकल उनके चरणों में गिर पड़ेगा। संयम के समग्र बन्धन तोड़ मैं दिद्दा ही के सम्मुख उन्हें अपनी बेहया बाँहों में कसने को व्याकुल हो उठती। जैसा उनका बाह्य रूप था उससे भी अधिक कमनीय था उनका आन्तरिक रूप। एक दिन सब्जी काटने में मेरी अँगुली कट गई तो उनकी आँखें छलछला उठीं। अपने अविवेकी चित्त की दिन-प्रतिदिन गम्भीर रूप से बढ़ रही दुर्बल गतिविधि को देख मैं स्वयं अर्द्धविक्षिप्त-सी हो गई। भोली दिद्दा अकपट सौजन्य से बार-बार मुझसे पूछती–'क्या बात है विलास, तेरा यहाँ मन नहीं लग रहा है ना...? इस जंगल में है भी क्या, जो तेरा मन लगेगा!' पर सच कहती हूँ विलास, न जाने उस जन्म में कितने पुण्य किए थे, जो गौतम-सा पति मुझे मिला। पहले-पहले मैं भी यहाँ आई तो इस एकान्त ने मुझे भी तेरी ही तरह उबा दिया था। रात-रात भर मायके की रौनक के लिए तरसती थी, पर जब गौतम को देखती, सबकुछ भूल जाती। मुझे यही जंगल अब स्वर्ग लगता है। विलास, भगवान से यही मनाती हूँ कि तुझे गौतम-सा ही वर मिले।' बेचारी दिद्दा की वही मनौती स्वयं उन्हीं के लिए प्राणघाती मूठ बन उन्हें धराशायी कर गई, मेरे प्रति दिद्दा के लाड़-प्यार का अन्त नहीं था। धीरे-धीरे मेरे समस्त कलुष की क्षुद्रता स्वयं उनके स्नेह-आतप में क्षीण होती-होती विलीन हो गई। मैं जब लौटी, तब अपने क्षणिक विकास से लगभग मुक्त हो चुकी थी। एक वर्ष तक फिर मैं दिद्दा के स्नेही निमन्त्रणों

को जान-बूझकर ही निरन्तर ठुकराती रही। फिर एक दिन छुट्टियों में घर जाने की तैयारी कर रही थी कि डैडी का पत्र मिला—'सुहास पूरे दिनों से है। तुम्हारी ममी का ब्लड प्रेशर अचानक बहुत बढ़ गया है, वह इस अवस्था में कहीं नहीं जा सकतीं—तुम्हें ही जाना होगा।' अब कभी-कभी सोचती हूँ, बिना कुछ सोचे-समझे ऐसे न चली गई होती, तो शायद हम दोनों बहनों का इतना बड़ा सर्वनाश भी नहीं होता।

" सुहास दिद्दा के सम्भावित मातृत्व ने उनके शरीर को बड़े भद्दे ढंग से विराट बना दिया था। बेचारी गर्भ-भार से हिलडुल भी नहीं पा रही थीं—इसी से, घर का सारा काम मुझे ही करना पड़ता था। जीजाजी को बेड-टी देने से लेकर सोने से पहले रात को उनके कमरे में दूध का गिलास पहुँचाना, उधर दिद्दा की देखभाल करना, उन्हें समय पर आयरन कैल्शियम खिलाना, अतिथि-अभ्यागतों की आवभगत के विविध कार्यभार से मेरे अनभ्यस्त कन्धे झुक गए। दिद्दा ने पूर्ण विश्वास से मुझे अपनी गृहस्थी सौंप दी थी। बेचारी तब क्या जानती थीं कि जिसे इतने विश्वास से अपनी बहुमूल्य सौभाग्य-कोष की चाबी सौंप रही हैं, वही प्रवंचिका एक दिन उनका ताला तोड़कर उनका सर्वस्व हरण कर लेगी। एक दिन आधी रात को अपने कन्धे पर किसी का स्पर्श पाकर मैं हड़बड़ाकर जग गई। 'विलास, विलास, उठो, तुम्हारी दिद्दा को शायद दर्द उठने लगे हैं।' मैं हड़बड़ाकर नाइटी के ऊपर बिना कुछ डाले ही उनके पीछे-पीछे चल दी। दिद्दा की कद्दावर देह रह-रहकर प्रसव-वेदना की तड़प में ऐंठ रही थी। जीजा ने व्याकुल दृष्टि से मेरी ओर ऐसे देखा, जैसे दर्द स्वयं उन्हें उठ रहे हों। 'क्यों, दर्द ही है ना विलास?' उन्होंने घबराकर पूछा, तो मुझे हँसी आ गई। पहली बार पिता बन रहे उन जैसे नवीन पिताओं की अनाड़ी बौखलाहट पहचानना मैं खूब सीख गई थी। मैंने हँसकर कहा—'अभी बहुत देर है।'

" दूसरे दिन, सन्ध्या पाँच बजे दिद्दा ने साढ़े आठ पाउंड के एक स्वस्थ, सुन्दर शिशु पुत्र को जन्म दिया। मैं ही बाहर व्याकुलता से चहलकदमी कर रहे जीजाजी को उनके नवजात पुत्र की पहली झलक दिखाने ले गई थी। मेरे नहीं-नहीं करने पर भी वह ज़बर्दस्ती दिद्दा के कमरे में घुस आए—'सुहास, सुहास तुम ठीक हो ना?' उन्होंने प्रसव-शिथिला दिद्दा के दोनों हाथ पकड़ लिए।

" 'लाइए जनाब, पहले साली का नेग तो निकालिए!' मैंने उन्हें बाँह

पकड़कर पीछे खींच लिया। अलस, निढाल पड़ी दिद्दा के मुर्झाए चेहरे पर भी पल-भर को हँसी थिरक गई।

" 'बोलो, बोलो, क्या लोगी?' जीजा ने बड़े उत्साह से जेब का बटुआ निकाल लिया।

" 'उँह!' मैं भी बच्ची की-सी जिद में अड़ गई, 'रुपया नहीं लेंगे जी...'

" 'तब?'

" 'तब क्या, दिद्दा की-सी अँगूठी दिलवाइए हमें, समझे?'

" ठीक है, ठीक है, उतार दो सुहास, हम तुम्हें कल ही जयपुर से इससे भी बढ़िया दूसरी अँगूठी मँगवा देंगे। दे दो इस मंगती को अपने हाथ की उतरन—तुम्हारे रोग-शोक सब इसके सिर।'

" सचमुच ही दिद्दा ने अँगूठी उतारकर मेरी ओर बढ़ा दी तो मैं खिसिया गई। मैं जानती थी कि वह अँगूठी दिद्दा को जीजा का प्रथम प्रणयोपहार थी; पर मेरे नहीं-नहीं करने पर भी दोनों ने बड़ी ज़िद से मुझे अँगूठी पहना दी। इसी तरह नाना आमोद-प्रमोद के उत्सवों में पूरा महीना बीत गया। जब जाने का दिन आया, तब ही मुझे लगा कि प्रणय का विषम शल्य जिस गहराई से मेरे हृदय में धँस गया है, उसे चाहने पर भी मैं अब नहीं खींच सकती। मेरी दुर्बलता का आभास अब तक भोली दिद्दा को रंचमात्र भी नहीं था; किन्तु मेरे नयनों की भाषा को पढ़नेवाले ने ठीक ही पढ़ लिया था। दूध के गिलास के साथ-साथ मेरी काँपती अँगुलियाँ थामकर दबा देना, खाने की मेज़ पर आमने-सामने बैठते ही अपने पैरों के बलिष्ठ पंजों में मेरे दोनों पैरों को बन्दी बना लेना, पर्दे की आड़ का बहाना बना, जान-बूझकर मुझसे टकरा, 'सॉरी-सॉरी' कह, मेरी ओर देख सहसा एक आँख मूँद लेना जैसे नित्य एक-एक रसीले पाठ पढ़ा, मेरा विनोदी प्रणयी मुझे प्रेम की सँकरी अली-गली के घेरे में, आँखों में पट्टी बाँधकर घुमाता चला जा रहा था। किन्तु प्रेम को भी, सूर्य की प्रखर किरणों की भाँति, करपुट में मूँदा नहीं जा सकता—प्रेमालोक भी एक-न-एक दिन सूर्यालोक की भाँति दूर-दूर तक छिटक ही पड़ता है। रविवार को मुझे जाना था—दिद्दा के बेटे को गोद में खूब खिलाकर मैं उसे उन्हीं के पार्श्व में सुलाकर अपने कमरे में आई। उस दिन मूसलाधार पानी बरस रहा था। रह-रहकर बिजली की चमक से पूरा कमरा चमक रहा था। मैंने लपककर खिड़की बन्द कर दी। मेरे कमरे में काँसे का बड़ा-सा फूलदान धरा था। ममी कहा करती थीं, 'काँसे के बर्तन पर ही तो बिजली गिरती है,' किन्तु काँसे का

वह फूलदान न होता, तब भी मेरे भाग्य में लिखा वह वज्रपात क्या टल सकता था? सहसा कहीं दूर बिजली गिरी और पूरे बंगले की बिजली चली गई। 'विलास, तेरे कमरे में टार्च है तो मुझे दे जा, नन्हा बिस्तर गीला कर देगा तो अँधेरे में नैपी कैसे बदलूँगी?' दिद्दा ने अपने कमरे से मुझे पुकारकर कहा। मैंने टटोलकर टार्च निकाली और उन्हें देने गई तो वह चिन्तातुर स्वर में कहने लगीं, 'तेरे जीजा अभी तक नहीं आए, पता नहीं कब तक लौटेंगे! कभी-कभी इस जंगली भीलों की बस्ती में बुरी तरह जी घबराने लगता है विलास—न जाने ससुरे कब भड़क उठें और अपने ज़हर-बुझे तीर निकाल लें तरकस से! इनसे पहले अफसर को भी तो अभागों ने ऐसे ही खत्म कर दिया था।'

" बेचारी दिद्दा तब क्या कभी स्वप्न में सोच सकती थीं कि कुछ ही घंटों में स्वयं विधाता उन्हीं के तूणीर से ज़हर-बुझा तीर निकाल, उन्हें थमाने जा रहा है? मैं बड़ी देर तक उन्हें दिलासा देती रही, फिर अपने कमरे में आकर लेट गई। न जाने कब मेरी आँखें लग गईं। सहसा मुझे लगा, कोई आकर मुझसे सटकर सो गया है। शायद मैं भय से चीख पड़ती, पर तब ही परिचित देह-परिमल ने मुझे बेसुध कर दिया। बलिष्ठ बाँहों के घेरे में मैं न जाने कब तक वैसी ही बेसुध पड़ी रही। हम दोनों के धड़कते हृदय एकसाथ संलग्न होकर, घड़ी के पेंडुलम की-सी सधी धड़कन में धड़क रहे थे, और तब ही... तब ही...।"

सन्ध्या की प्रगाढ़ यवनिका में डूबी विलास के काँपते नासिकाग्र को मैं उस अस्पष्ट आलोक में भी स्पष्ट देख पा रही थी।

"सहसा कमरे की बिजली लौट आई।" वह कहने लगी, "पहले तो अन्धकार से अचानक प्रकाश के घेरे में लौटी अपनी आँखें पूरी मैं ठीक से खोल नहीं पाई; पर जब आँखें पूरी खुलीं तो देखा, दोनों पर्दों की भाँजों के बीच दिद्दा बुत बनी खड़ी हैं। उसी क्षण मैंने उनकी आँखों में खून उतरते देख लिया था। मैं भूल गई कि जिन नग्न बाँहों के बन्धन में बँधी मैं उस अधिकार से सो रही हूँ—उसकी वास्तविक अधिकारिणी मेरे सम्मुख खड़ी है। मैं अचकचाकर उठ बैठी। मेरा सहचर तब भी बेखबर सो रहा था। उसकी मदालस श्वास-प्रश्वास की अस्थिर गति मुझे उसके अधर स्पर्श के साथ ही बता गई थी कि वह खूब तबीयत से चढ़ाकर आया है। उठते ही मुझे अपनी नग्न देह का आभास हुआ, मैं लपककर कुर्सी पर टँगी नाइटी लेने लपकी और दिद्दा तीर-सी छिटक गईं। मैं नाइटी पहन, बेखबर साथी के घुँघराले छल्लों को

सहलाकर जगाने लगी तो प्रथम मिलन की समग्र ममता मेरे कंठ में गह्वर बनकर अटक गई। मैं उसे पुकार भी नहीं सकी। मेरा हाथ उसी महत्त्वपूर्ण अधिकार से उन घुँघराले बालों को सहला रहा था कि दिद्दा एक बार फिर पर्दों की यवनिका चीरकर खड़ी हो गईं। उनका अस्वाभाविक रूप से खूँखार बन उठा चेहरा देख मैं सहम गई, फिर सहसा मेरी सहमी दृष्टि उनके हाथ के रिवाल्वर पर पड़ी। जंगली आदिवासियों के बीच बसने जा रही पुत्री को यह रिवाल्वर मेरे डैडी की भेंट थी। विद्रोही भीलों के ज़हर-बुझे तीरों से जिस सुहाग को बचाने डैडी ने उन्हें वह रिवाल्वर भेंट की थी उसी ने उनका सोहाग छीन लिया। निशाना ताका था कुल्टा, चरित्रहीना सौत बन गई सगी बहन की नंगी छाती की ओर, और गोली लगी दूसरी नंगी छाती पर। नशे की ढुलढुल लाल-लाल आँखें निमिषमात्र को ही खुली थीं—आहत दृष्टि पहले मेरे चेहरे पर सरसराई, फिर द्वार पर बुत खड़ी दिद्दा पर! 'दिद्दा, ये तुमने क्या कर दिया!' मैं चीखकर जीजा की निश्चेष्ट देह पर झुकी। खून की फुहार से मेरे दोनों हाथ भर गए। मुझे लगा मैं गिर रही हूँ; किन्तु आँखों के आगे छा रहे अँधेरे को तब ही दूसरे धमाके ने दूर खदेड़ दिया। मैं हड़बड़ाकर उठी। एक ताज़ा रक्त की धार छोड़, मैं खजूर के लम्बे पेड़-सी ढह गई दिद्दा की देह उठाने बढ़ी—ओफ, कैसे तड़फ रही थीं वह! मुझे देखते ही चीखकर बोलीं—'भाग जा, मत छू मुझे...भाग...भाग...' उस चेहरे पर क्रोध से अधिक घृणा का भाव था। मैं घबरा गई। निश्चय ही अब उन दो-दो रक्तसनी देहों के बीच खड़ी, एकाकिनी साक्षिणी डॉक्टर विलासिनी दर को ही पुलिस पकड़ेगी। पिता की प्रतिष्ठा, माँ का संस्कारशील अतीत, स्वयं अपनी लज्जा, कलुष मुझे धरती में धँसाने लगे। फिर मैं तीर की तरह भागी—पहला फोन किया पुलिस कमिश्नर दामले को, सौभाग्य से वह डैडी के पुराने मित्र थे; दूसरा फोन किया डैडी को। सहसा मुझे अपने विवस्त्रावस्था का ध्यान आया, दूसरे कमरे में दिद्दा का नन्हा बेटा अपने नन्हें फेफड़े फाड़-फाड़कर रोने लगा था। मैंने भागकर रक्तरंजित हाथ धोए, साड़ी लपेटी, फिर दिद्दा के चीखते पुत्र को छाती से लगाया ही था कि पूरे पुलिस दस्ते के साथ कमिश्नर दामले आ गए।

"कैसे हो गया यह सब? सुहास, सुहास, बंटी, आँखें खोलो!" दामले अंकल का स्वर सुन दिद्दा की बुझी जा रही आँखें पल-भर को खुलीं। 'कुछ कहो बेटी, तुम कुछ नहीं कहोगी तो बेचारी विलास फँस जाएगी...'

"मैंने दिद्दा के हिलते होंठों को देखते ही आँखें बन्द करके उनके नन्हें

बेटे को छाती से सटा लिया। मेरा सर्वांग मृत्युकम्प में थर-थर काँप रहा था। आँखें बन्द किए ही मैं जैसे कठघरे में खड़ी अपना मृत्यु-दंड सुनने की प्रतीक्षा कर रही थी।

" 'पुत्रजन्म के बाद मैं अलग कमरे में सोने लगी थी', दिद्दा रुक-रुककर कह रही थीं। अंकल दामले तेज़ी से उनका अन्तिम बयान लिखते चले जा रहे थे—'बड़ी रात तक गौतम नहीं लौटे। सुबह तीन बजे मैं एक बार उनके कमरे में देखने गई कि लौटे हैं या नहीं...मैंने देखा...मैंने देखा...' कहते-कहते वह फिर रुक गईं।

"मैंने फिर कुछ नहीं सुना। अब दिद्दा क्या कहेंगी, उसी लज्जा का आतंक मुझे उनके नन्हें के साथ शायद उन्हीं की रक्तसनी देह पर गिरा देता, तब ही मुझे किसी ने थाम लिया। मैंने ज़ोर से दाँत भींचकर अपने को संयत किया।

" 'क्या देखा सुहास...कोशिश करो बेटी—तुम्हारा यही बयान अब तुम्हारी निर्दोष बहन की पैरवी करेगा।' अंकल दामले कहने लगे।

" 'अंकल दामले, अंकल दामले, मैं निर्दोष नहीं हूँ, मैं चरित्रहीना, कुलटा अपनी सगी बहन-बहनोई की हत्यारिन हूँ—' मैं चीख-चीखकर कहना चाह रही थी, किन्तु मेरी देह से सटे दिद्दा के नन्हें अबोध पुत्र ने तभी मेरी छाती से अपने कोमल अधर सटा दिए। उस स्पर्श की अद्‌भुत सिहरन मुझे सिर से पैर तक कँपा गई।

" 'मैंने देखा', दिद्दा अब स्पष्ट स्वर में कह रही थीं, 'मेरे पति की बाँहों में एक अर्द्धनग्न काली-कलूटी भीलनी पड़ी सो रही है। मैं क्रोध से एक क्षण को विवेक खो बैठी। भागकर भरी रिवाल्वर निकाली—मारना चाहा था भीलनी सौत को, पर निशाना चूक गया अंकल, I was always a poor shot, मैं पक्की निशानेबाज कभी नहीं रही!' दिद्दा के उस मृत्युविकृत व्यंग्य की तिर्यक् हँसी का चाबुक सीधे मेरे चेहरे पर पड़ा। एक पल को हम दोनों बहनों की आँखें चार हुईं और मैंने छलछलाई आँखें फेर लीं।

" 'वह भीलनी! क्या नाम था उसका? कहाँ गई वह?' अंकल व्यग्र होकर पूछने लगे।

" 'नाम? नाम तो मैं नहीं जानती, खिड़की से कूदकर भाग गई। मैंने अपने को .खुद गोली मार दी, पुलिस किसी को परेशान न करने पाए अंकल!'

"इस बयान के बाद आध घंटे तक दिद्दा और तड़पी थीं, फिर लुढ़ककर अंकल की गोदी में ही गिर पड़ीं। अपूर्व शान्ति उनके मुख पर दमक उठी थी।

बचपन में भी दिद्दा ने मुझे न जाने कितनी बार मेरे सारे अपराध स्वयं ओढ़, ऐसे ही बचाया था। दुर्धर्ष विपत्तियों के व्यूह में स्वयं घुस, मुझे कितनी बार बाहर धकेला था दिद्दा ने। उस दिन मुझे अपने चरणों में सिर रख, अन्तिम बार क्षमा माँगने के अधिकार से भी वंचित कर गईं दिद्दा। मेरी आँखों से अश्रुधारा बाँध तोड़कर बहने लगी, फिर अपनी छाती से लगे उस शाखामृगी के-से छौने को कसकर चिपटा, मैं अपने कमरे में भाग गई। उसके नन्हें कानों से मुँह सटा मैं पागलों की तरह बड़बड़ाने लगी, 'मुझे माफ कर नन्हे, मैंने ही तुझे अनाथ बनाया है!' न जाने कब तक मैं उसे चिपकाए वहीं बैठी रही। मुझे लगा, उस आत्मविगलित अश्रुधार के साथ-साथ मेरे सारे कलुष प्रक्षालित हो गए हैं। अंकल दामले ने मुझे फिर उस बंगले में नहीं रहने दिया। दूसरे ही दिन डैडी-मम्मी भी आ गए। ममी ने मुझे न जाने कितनी बार झकझोरकर पूछा, 'कौन थी वह हरामज़ादी भीलनी? कोई आया थी या किसी चपरासी की बीवी? आख़िर तूने भी तो देखा होगा उसे—मैं खून पी जाऊँगी उस बदज़ात का, भले ही फाँसी पर क्यों न चढ़ना पड़े!'

" मैं क्या ममी से कह सकती थी, 'ममी, बताने पर भी क्या तुम उस भीलनी का खून पी सकोगी?' मनुष्य की स्मृति भी कितनी क्षणस्थायी होती है! इतने वर्षों में सगी बहन का चेहरा भी अब लगभग भूलने लगी हूँ। डैडी-मम्मी ने चिरौरी की, समझाया, डाँटा-डपटा, पर मैं उनके साथ नहीं गई। जिस नन्हें प्राणी का सर्वस्व हरण कर मैंने जिसे अनाथ बनाया था, उसको दिन-रात न देखने पर क्या मैं जी पाती? मैं यहीं रह गई। डैडी की चिट्ठियाँ आती रहती हैं, नन्हें ने बाप की सूरत और दिद्दा का कद पाया है फिर मुझे भी यह बच्ची मिल गई—अनायास लब्ध मातृत्व के इस बन्धन ने मुझे भी बाँध लिया। इसी के स्नेह ने मेरे कलुषित अतीत को स्वयं मिटा दिया।"

"ममी, सर्कस देखने कब ले चलोगी?" विलास की नन्ही मयूरी न जाने किस द्वार से एक बार आँधी के झोंके-सी कमरे में घुस आई।

कैसी प्यारी बच्ची थी! शोभा और कान्ति की प्रतिमूर्ति! किन्तु कोई मूर्ख, अनाड़ी, अनजान अतिथि भी विलास के ड्राइंग रूम में धरे सुहास और उसके पति के चित्र को देखते-देखते ही नन्ही बच्ची के जनक को पकड़ सकता था। मैंने एक बार फिर ध्यान से मयूरी को देखा। मेरी उस सन्धानी दृष्टि को फिर चित्र पर फिसलते शायद चतुरा विलास ने भी देख लिया था। सकपकाकर वह अकारण ही बच्ची को झिड़कने लगी—"जाओ, खेलो बाहर, हम अभी मौसी

को पहुँचाकर आते हैं।''

कार निकालकर उसने मेरे लिए द्वार खोला, मार्ग-भर हम दोनों एक शब्द भी नहीं बोलीं। अपनी सखी की अतीत की परिहासरसिकता मैं अभी भी नहीं भूली थी, इसी से एक बार जी में आया, उसे हँसकर छेड़ दूँ, ''क्यों विलास, मयूरी उसी भीलनी की बेटी है ना?''

पर फिर कनखियों से देखा, तो उस उन्मथित चेहरे की कातरता स्वयं मेरा कलेजा निचोड़ गई। मरे मुर्दे से भला मज़ाक किया जाता है! घर आया और मैं बिना कुछ कहे ही उतरने लगी, तो उसने न जाने क्या सोचकर मेरा हाथ थाम लिया :

''हमेशा के लिए भारत छोड़कर जा रही हूँ, शायद तुम्हें अब कभी देख भी नहीं पाऊँ। मैं जानती हूँ, तुम क्या सोच रही हो—इसी से तो आज तक डैडी-ममी से मिलने नहीं गई। इसे लेकर उनके सामने खड़ी हुई तो भोले डैडी भले ही न समझें, ममी एकदम समझ जाएँगी कि वह बदज़ात भीलनी कौन थी। दिद्दा मुझे माफ कर गईं, पर उस बड़ी अदालत ने मुझे माफ नहीं किया। दिया है आजन्म कारावास—आत्मीय स्वजनों के चेहरे देखने को भी तरसने का कठोर दंड। इसी से शायद वह उदार न्यायाधीश मुझे काबुल भेज रहा है, जैसे पहले कभी हत्या के अपराधी को कालापानी भेज दिया जाता था, है ना?''

वह हँसकर, हाथ हिलाकर चली गई; पर मैं न हाथ ही हिला पाई, न उस विचित्र भीलनी के उदास स्मित का प्रत्युत्तर ही दे सकी।

चलोगी चन्द्रिका?

अपने एकान्त कूपे में चन्द्रवल्लभ ने सातवीं बार दर्पण में अपना चेहरा देखा। एक पल के लिए वह अपने आहत स्मित को स्वयं ही नहीं पहचान पाया। दिन-प्रतिदिन मोटे होते जा रहे चश्मे के मोटे लैंस के भीतर क्लान्त आँखों में न जाने कैसी विवर्ण-श्वेत आभा छाने लगी थी, न चाहने पर भी नीचे झुके जा रहे होंठों में विवश नैराश्य की स्पष्ट छाप आ गई थी। कनपटी के दोनों ओर झाँक रही रुपहली डोरियों ने चेहरा सचमुच ही कितना बदल दिया था! ओह, वह क्या उसी का चेहरा था? इस बदले चेहरे को इतने वर्षों के व्यवधान के बाद क्या चन्द्रिका पहचान पाएगी? हृदय में लगे 'पेसमेकर' की तीव्र गति को साधने के लिए ही शायद फिर चन्द्रवल्लभ ने तकिया पर सिर रख चुपचाप आँखें मूँद लीं। काश, आँखों के साथ-साथ वह अपने क्षत-विक्षत हृदय के पट भी मूँद सकता! कितनी बड़ी मूर्खता कर बैठा था वह! जिस जन्मभूमि की धरणी पर प्राण रहते कभी पाँव न रखने की उसने असंख्य प्रतिज्ञाएँ की थीं, उसी की धुँधली पर्वत श्रेणियाँ क्रमशः स्पष्ट होती उसके अंग-प्रत्यंग को अवश बना रही थीं। तब, क्या करे, लौट जाए? बैरा चाय ले आएगा, तब शायद हाथ-मुँह धो चाय पीकर वह स्वयं ही अपनी इस मूर्ख हौलदिली से छुट्टी पा लेगा। 'चन्द्रिका, चन्द्रिका!' ट्रेन की प्रत्येक टाप, जैसे उसी नाम का झपताल का-सा ठेला बजा रही थी। बचपन में इसी ट्रेन की टाप को वह 'धर दे पैसा, चल कलकत्ता! धर दे पैसा, चल कलकत्ता;' की ध्वनि से मिला, ट्रेन की अविकल गति का ध्वनि-संगीत प्रस्तुत कर सहपाठियों का मनोरंजन किया करता था, आज वही ध्वनि 'चन्द्रिका', 'चन्द्रिका' करती उसे और भी अधीर बना रही थी। क्या चन्द्रिका भी बदल गई होगी? शायद नहीं!

कहते हैं कि पुरुष की अपेक्षा प्रौढ़ावस्था में ही वार्द्धक्य का वरण कर

बैठती है; किन्तु चन्द्रिका के तो पल-पल का हिसाब रखता रहा था उसका महाक्रोधी, शक्की, सनकी पति सदानन्द। अभी भी कुछ नहीं बिगड़ा। नहीं-नहीं, अब वह ऐसा विश्वासघात नहीं कर सकता! लाल कुआँ में नन्द बंध्या चन्द्रिका की सूनी कोख को कभी क्षमा नहीं कर पाया, बार-बार निरीह पत्नी को दूसरे विवाह की धमकी से भयत्रस्त कर अभागे ने तीसरे ही वर्ष उसे मायके भगा दिया था। चन्द्रवल्लभ के बड़े भाई के पास ही रह उसने बी.ए. किया, फिर इलाहाबाद जाकर एल.टी. किया। अध्यापिका बनते ही सदानन्द का देहान्त हो गया और वह प्रधानाध्यापिका बन स्वतन्त्र-स्वच्छन्द जीवन व्यतीत कर रही है, यह उसे उसकी भाभी चिट्ठी में लिखती रहती थी। उसकी बंध्या कोख ने, सहचरहीन जीवन ने निश्चय ही उसके यौवन को अक्षुण्ण रखा होगा। उसे याद है, उसकी माँ की सहेली विधवा गोदा मास्टरनी माँ से चार वर्ष बड़ी होने पर भी कितनी छोटी लगती थी! माँ प्रायः कहा करती थी—"अरी, बाँझित का मुँह चिकना लड़कौरी का आँचल, एक बाल भी तो सफेद नहीं हुआ तेरा गोदा!" इधर दो वर्षों से उसके घर न आने पर भाभी ने रूठकर चिट्ठी लिखना बन्द कर दिया था, इसी से चन्द्रवल्लभ को चन्द्रिका का कोई समाचार नहीं मिला और फिर इन्हीं दो वर्षों में राजनीति ने उसे समृद्धि, वैभव, यश, कीर्ति से लादकर ऐसे दुहरा कर दिया कि चाहने पर भी वह चन्द्रिका को देखने न अपनी गर्दन दाएँ मोड़ सकता था, न बाएँ, न पीछे। उसकी महत्त्वाकांक्षिणी दृष्टि का घेरा बँधता था केवल सम्मुख के उस प्रशस्त राजमार्ग को, जिस पर नियति उसे धावक बनाकर अपनी मैरेथन-रेस में भगा रही थी। कितने पुष्पहार, कितनी तालियाँ और कितने करमर्दन! कभी-कभी अपनी महानाटकीयता उसे स्वयं काट खाने को दौड़ती। जान-बूझकर ही वह किसी जलसे, विवाह उत्सव या सहभोज से हड़बड़ाकर ऐसे उठ भागता, जैसे वह नहीं उठा तो पूरा आकाश ही नीचे गिर पड़ेगा। उसके पीछे-पीछे दरबारियों का विशाल जुलूस भी चल पड़ता और पूरे समारोह में खलबली मच जाती। यही तो वह चाहता था कि जनता-जनार्दन जान ले, इस अद्भुत व्यक्ति का एक-एक क्षण कितना अमूल्य है! समाचार-पत्रों के मुखपृष्ठों पर अपने दर्शनीय चेहरे के नित्यनवीन मोहक अभिनव संस्करण देखता तो उसका हृदय उल्लसित हो झूले की-सी पेंग लेने लगता—निश्चय ही हेड मास्टरनी चन्द्रिका भी अख़बार पढ़ती होगी। पश्चात्ताप की ज्वाला उसे कैसे झुलसाती होगी। उसकी कल्पना फिर एक मोह तृप्त स्मित बन, उसकी भरी मूँछों पर बिखर जाती। कितनी

मेनकाओं ने उसकी तपस्या भ्रष्ट करने की चेष्टा की थी—बड़े-बड़े अफसरों की ऊबी पत्नियाँ, समाज-सेविकाएँ, खुर्राट अध्यापिकाएँ। किन्तु अपने चरित्र को कसकर मुट्ठी में ही आज तक बाँधता चला आया था पट्ठा! मज़ाल था कि कोई उसके चरित्र पर तर्जनी तो उठा दे! क्रोधी, दबंग, कुत्सित पत्नी के सुदीर्घ साहचर्य से ऊँचा उसका चित्त, यदि कभी मन की मौज़ आने पर इधर-उधर मुँह मार भी लेता, तो शायद विधाता भी क्षमा कर देता, नित्य सूखी घास चरने पर निरीह गाय भी कभी-कभी हरे-भरे खेतों में मुँह मार देती है। स्वभाव में तो वह गाय-सा ही निरीह था; किन्तु उसके जीवन में प्रेम केवल एक ही बार आया था, जो मूर्ति तब हृदय में स्थापित हुई थी, वह अब भी वैसी ही अडिग खड़ी थी।

पर तब का चन्द्रवल्लभ क्या ऐसा ही था? दोनों हाथ सिर के नीचे डाल, वह अचानक ही अपने उस रूप का स्मरण कर मुस्कराने लगा—कोट की फटी बाँहों से नाक पोंछनेवाला चन्द्रवल्लभ! और कोट भी कैसा! पिता के कैशोर्य का कोट, जिसे पहनकर वह स्कूल जाता तो जोशी मास्टर व्यंग्य से कहता—"अरे चनरुआ, दो भाई दो कोट पहन के क्यों आते हो? एक ही में तो दोनों समा जाओगे! कल से दोनों भाई एक ही कोट पहनकर आना, समझे?" और पूरी हृदयहीन कक्षा जोशी मास्टर के अद्‌भुत व्यंग्य से उल्लसित हो निर्लज्ज 'ही-ही' से दोनों भाइयों का कलेजा निचोड़ देती। कन्धे में बँधी डोरी से लटकी काली काठ की चमकती पाटी पर, कमेट से लिखी सुन्दर सुलेख की मुक्तावली में उसके अक्षर 'विद्या ददाति विनियं', आज एक-एक बाल्यकालीन स्मृति उसके कंठ में गोला बनकर अटक रही थी। तब क्या वह ऐसे पौरिज और अंडा खाता था ब्रेकफास्ट में? रोटी में घर का घी चुपड़, चीनी बुरक, ठेठ पहाड़ी रोल बनाकर नानी थमा देती, उसी 'रोल' को खाता वह तेज़ी से स्कूल की चार मील लम्बी पगडंडी उतरता चला जाता। सिर पर तेल से चिकनी टोपी का क्या आज की इस टोपी से ज़रा भी साम्य था? कहाँ यह बगुले के पंख-सी उजली धप्प तिरछी टोपी, जिसकी तीखी नोक भी किसी की अँगुली से छू जाए तो खून छलछला उठे और कहाँ वह कड़वे तेल से बसाती निष्प्रभ विवर्ण मलेशिया की निरीह टोपी, जिसे उसकी नानी गाँव के गुसाईं ढोली से बीस अखरोट और दस दाड़िम के दाने देकर सिला लाई थी। फिर उस निरीह टोपी का एकमात्र कर्त्तव्य क्या उसका नन्हा सिर ढँकना ही था? प्यास लगने पर, पहाड़ी झरने की जलधार पर सम्पुट साध, वह गिलास बन उसकी प्यास

बुझाती। चैत के महीने की काफल-लदी डालियों पर साध, काफल बटोरती और कभी-कभी जोशी मास्टर का आदेश प्राप्त होते ही चट सिर से उतार, डस्टर के रूप में भी व्यवहृत होने उन्हें थमाई जाती! एक दिन नानी ने कहा, "इसे आज घर पर ही छोड़ जाना रे चनरिया, रीठे से धोकर सुखा दूँगी।"

"नंगे सिर जाऊँगा तो जोशी मास्टर मारेगा आमा," चन्द्रवल्लभ के एक धृष्ट सहपाठी ने बिना टोपी के ही स्कूल जाने की धृष्टता की और मोटे रूलर की तड़ातड़ मार से अभागे की पीठ ही तोड़कर रख दी थी जोशी मास्टर ने, "साले! नंगचुलिया (नंगा सिर) तेरी हिम्मत कैसे हुई मेरे क्लास में बिना टोपी के आने की?"

"नंगे सिर क्यों जाएगा रे? तेरे बाप की पाग जो धरी है पिटार में, चल, मैं बाँध दूँ!" और फिर आमा ने बड़े स्नेह से उसके नन्हे सिर पर उसके मृत पिता की सतगज़ी पगड़ी लपेट दी थी। बेचारे चन्द्रवल्लभ की वह पगड़ी बँधी अनुपम छवि देखते ही पूरे क्लास ने दाँत भींचकर हँसी रोकी थी। क्रोधी जोशी मास्टर की क्लास में भला हँसने का दुःसाहस कौन कर सकता था! वह सिर झुकाए चुपचाप बैठा लिख ही रहा था कि पीछे बैठे दुर्दांत मौनीटर गोपाल ने पेंसिल की नोक से, मास्टर की नज़र बचा, अभागे की पगड़ी पट से नीचे गिरा दी थी; बस, फिर तो जोशी मास्टर भी अपनी हँसी नहीं रोक पाया था। आज भी, भरी कक्षा में, उस दुष्ट दुःशासन के खोले गए अपने चीर की व्यथा को वह नहीं भूल पाया था। जब कभी दामी पब्लिक स्कूल में पढ़ रहे पुत्र के चमकते मोनोग्रामवाले ब्लेजर को वह देखता, स्वयं अपनी दरिद्र छात्रावस्था का स्मरण उसकी आँखें गीली कर देता। जिस वर्ष वह विशेष छात्रवृत्ति पाकर पढ़ने इलाहाबाद गया, उसी वर्ष उसकी नानी ने आँखें मूँदी थीं। कई वर्षों तक वह फिर गाँव नहीं आया। बड़े भाई नेत्रवल्लभ ने घर की खेती सँभाल ली थी। थुल्मे, गलीचे, दनों का व्यापार भी साथ-साथ कर रहा था। देखने में ऊँचा-अगला गबरू जवान था ही, पत्नी भी सुन्दर जुट गई। उसी के विवाह में सम्मिलित होने वह पहाड़ गया और उसी विवाह में उसने पहली बार भाभी की बहन चन्द्रिका को देखा। पहली दृष्टि में उसे वह बेहद अहंकारी लगी थी। पुष्ट स्फुरित अधरों से झाँकती श्वेत दन्तपंक्ति, लम्बोतरा चेहरा, छरहरे शरीर से विदा लेने में जैसे कैशोर्य भी स्तम्भित होकर ठिठक गया था। सन्ध्याकालीन रक्तिम आभा से उद्भासित उस निमीलित दृष्टि के आकर्षण ने ही चन्द्रवल्लभ को अनमना कर दिया था। उसके भाई के श्वसुर अवकाश-प्राप्त इंजीनियर

थे, प्रचुर धन बटोरा था, उनके उत्कोच-ग्रहण की पहाड़ में नाना दन्तकथाएँ प्रचलित थीं। पुल बनाने में उन्होंने विशेष ख्याति अर्जित की थी और उस ख्याति के पुष्ट प्रमाण के रूप में पुलों के लाल इंगूरी लौह-अवयव, उनकी सुरम्य पुष्पवाटिका के जंगले बने, दूर से ही दर्शकों को आकृष्ट करते थे। उनके दो लड़कियाँ थीं—बड़ी सरस्वती उसकी भाभी बन रही थी, छोटी चन्द्रिका मौसी के पास रह अल्मोड़ा के मिशन स्कूल में पढ़ रही थी। शायद उसी मिशन स्कूल की शिक्षा ने छोकरी को अहंकारदीप्त कर दिया था। इसके बाद कभी घर न आनेवाले चन्द्रवल्लभ का हर छुट्टियों में घर आना बढ़ता ही गया था। अवसर पाते ही वह भाभी के मायके पहुँचता रहता, कभी उसे लाने और कभी पहुँचाने।

एक बार नई भाभी ने उसे लताड़ भी दिया था—''सुनो जी चन्द्रलला, तुम्हारी नीयत तो हमें ठीक नहीं लग रही है; पर पहाड़ में दो सगी बहनों का विवाह दो सगे भाइयों में नहीं होता, जानते हो ना?''

''जानता हूँ; उसने हँसकर कहा था।

''तब यह भी जान लो देवर, कि हमारे बाबूजी बड़े कट्टर हैं। कभी इस गृह के दूसरे बेटे को अपनी दूसरी बेटी का हाथ नहीं थमाएँगे।''

''और अगर बेटी ख़ुद थाम ले तब?''

भाभी से किए गए उस सरल हास-परिहास की स्मृतियाँ अब भी कलेजे में नासूर-सी टीसने लगती थीं; पर भाभी के मायके में उसे चन्द्रिका को देखने का प्रलोभन नहीं खींचता था, वह तो प्रायः अल्मोड़ा ही रहती थी। उसके बूढ़े बाप का ही हृदय विजित करने वहाँ जाता था, कभी सिगार के चौकोर डिब्बे लेकर और कभी अगाथा क्रिस्टी के गड्डी के गड्डी उपन्यास बटोरकर। बूढ़े के प्राण ही इन दोनों में बसे हैं यह वह जान गया था; किन्तु घाघ बूढ़े ने न जाने कितने डिब्बे फूँक डाले और एक-एक कर क्रिस्टी के सारे उपन्यास चाट डाले, तब कहीं जाकर एक दिन तोप का अचूक गोला दाग, चन्द्रवल्लभ को धराशायी कर दिया।

''बेटा चन्द्रवल्लभ, अब हमें तुम्हारा ही भरोसा है, इष्टमित्र हो तो तुम्हारे जैसे!''

चन्द्रवल्लभ का कलेजा छत की बल्लियों से टकराने लगा था। निश्चय ही उसका स्तुति-जपार्जन अब सफल होने जा रहा था। वह समझ गया कि अवकाश-प्राप्त इंजीनियर का मस्तिष्क, जिसने प्रदेश की न जाने कितनी

उद्दाम सरित-धाराओं को अपनी अद्भुत सेतु निर्माण-कला से बाँध दिया था, एक बार फिर दो तरंगित हृदयों की उद्धत जलधाराओं को अपनी नवीन योजना से बाँधने जा रहा था।

"जी, आप जब कभी मेरे योग्य कोई सेवा उचित समझें, मैं हाथ बाँध तैयार रहूँगा।"

"जानता हूँ, जानता हूँ पुत्र, मुझे तुमसे यही आशा थी।" उन्होंने अपने रहस्यमय वार्तालाप से उसका ऐसा मतिभ्रम कर दिया कि वह अकारण ही ऐसे हाँफने लगा था, जैसे तीखी चढ़ाई चढ़ रहा हो।

"तुम तो जानते ही हो बेटा, मेरे बेटे-बेटी जो भी हैं, बस ये ही दो चहेड़ियाँ हैं। एक को तो तुम्हारे देवतुल्य दाज्यू को सौंप हमने गंगा नहा ली, अब दूसरी चन्द्रिका को तो तुमने देखा ही है।" कह वह घाघ बूढ़ा किसी चतुर मदारी का-सा ही डमरू बजा, क्षण-भर के लिए चुप हो गया। उधर चन्द्रवल्लभ को जैसे कोई गोद में लेकर तेज़ी से गोल-गोल घुमाने लगा था।

ऐसे अद्भुत, सरल-सुखद प्रस्ताव की तो उसने स्वप्न में भी कल्पना नहीं की थी। यह ठीक था कि वह बेकार था, किन्तु उसका कुल, उसकी विद्या, योग्यता, सर्वोपरि उसके सवा लाख का व्यक्तित्व किसी में भी क्या रंचमात्र भी किसी कलंक की कुत्सित छाया थी?

"जी, मैं-मैं," कह हकलाता वह अपने भीरु चित्त के निर्लज्ज निवेदन को बरबस अवश जिह्वा पर ठेल ही रहा था कि इंजीनियर साहब सतर होकर बैठ गए, जैसे उफनती वेगवती नदी की धारा को आँखों-ही-आँखों में तौल रहे हों।

"सोच रहा हूँ, चन्द्रिका के विवाह से भी इसी जेठ में निबट लूँ, फिर ये मकान, अल्लम-गल्लम दोनों छोकरियों के नाम कर हरिद्वार की ओर निकल जाऊँगा। वहाँ कनखल के एक आश्रम में हम जैसे पुत्रहीन वानप्रस्थी गृहस्थों के लिए मरणोपरान्त भी विशेष सुविधा प्राप्त होती है। सब श्राद्ध, पिंडदान विधिवत् सम्पन्न कर देते हैं आश्रमवासी। चन्द्रिका के लिए लड़का मैंने देख लिया है चन्द्रवल्लभ!" एक बार उसे अपने रहस्यमय तिर्यक् स्मित से सम्मोहित कर बुढ़ऊ ने फिर कच्छप की-सी मूँडी छिपा ली।

"जी!" इस बार चन्द्रवल्लभ की लड़कियों की-सी रेशमी पलकों से हृदय का समस्त निष्कपट निवेदन निर्लज्जता से नंगा होकर उसके कपोलों को आरक्त कर गया।

"आपकी कृपा है, आपका स्नेह है। मैं आपका यह अनुग्रह जीवन-भर

नहीं भूलूँगा।'' वह स्वयं ही बड़बड़ाने लगा। तभी बूढ़ा एक बार फिर सतर होकर बैठ गया—''सदानन्द, सदानन्द पांडे, परमानन्द ओवरसियर का बेटा सदानन्द, उसे ही छाँटा है मैंने चन्द्रिका के लिए...'' बूढ़े ने एक बार भी अपने चिकने चेहरे पर आश्चर्य की सामान्य रेखा को नहीं फटकने दिया। कम-से-कम पूछ लेता कि चन्द्रवल्लभ उसके किस अनुग्रह के जीवन-भर न भूलने की बात कर रहा था। उत्तेजित चन्द्रवल्लभ की दोनों मुट्ठियाँ स्वयं बँध गई थीं—''क्या कह रहे हैं आप! सदानन्द तो यहाँ एक ही है...''

''हाँ बेटा, उसी एक सदानन्द की बात कर रहा हूँ मैं। मुझे बेहद पसन्द है वह लड़का! देखना, एक दिन पूरे कुमाऊँ का नाम उज्ज्वल करेगा।''

''जी हाँ,'' चन्द्रवल्लभ का व्यंग्य से तीखा स्वर औद्धत्य से प्रखर हो उठा था, ''पिछले दो सालों से कुमाऊँ का नाम ही तो उज्ज्वल कर रहा है। पूरे दो साल सस्पेंडेड रहा।''

''तो क्या हुआ, दस दुश्मनों ने फँसा दिया बेचारे को! पर साँच को क्या कभी आँच झुलसाती है चन्द्रवल्लभ! विभागीय जाँच में एकदम खरा निकल आया। लाखों में एक लड़का है। चन्द्रिका के ब्याह में तुम ही दोनों भाइयों को सब काम सम्हालना होगा, समझे?''

चन्द्रवल्लभ बिना कुछ कहे बड़ी अशिष्टता से तीर-सा बाहर निकल गया था। मूर्ख, मूर्ख चन्द्रिका, तब क्या वह भी पिता की भाँति सदानन्द की उपासिका बन गई थी? वैसे एक व्यक्तित्व को छोड़ और क्या नहीं था सदानन्द के पास! बहुत बड़ा मकान, सेबों का बगीचा, तराई का फार्म, सरकारी नौकरी, मृत जननी के ढेरों स्वर्ण आभूषण, मृत पिता की जोड़ी गई अटूट सम्पत्ति और भोगने को केवल सदानन्द। न भाई, न बहन! किन्तु चरित्र? कौन नहीं जानता था उसे? लोग तो यहाँ तक कहते थे कि वह परमानन्द पांडे की लक्ष्मीस्वरूपा पत्नी का गर्भजात पुत्र नहीं था; बाल्टे की, एक मिट्टी बेचनेवाली हरिजन युवती ही आधी रात को प्रेमी के द्वार पर उसका यह प्रणयोपहार एक फटी धोती में लपेटकर डाल गई थी। इधर परमानन्द की पतिव्रता पत्नी महीनों से अपने अभिशप्त, सन्तानहीन उदर पर बड़े कौशल से कपड़े बाँध-बाँध आसन्न प्रसवावस्था की भूमिका बाँध, ग्रामवासियों को छल रही थी, किन्तु उसकी वही निर्लज्ज सौत, जिसके कलंक को उसने अपने गर्भस्थ शिशु के रूप में स्वीकार दोनों जघन्य अपराधियों को बचाया था, एक दिन पूरे गाँव में आकर ढिंढोरा पीट गई—''अरे दस गज ऊँची नाक लेकर इधर-उधर घूमनेवाले बामणों,

परमानन्द पांडे की 'बराँण ज्यू' (घरवाली) तो ठाठ से माँ बन गई, पर दरद झेले हैं मैंने। पानेज्यू ही मेरे सदिया के बाप हैं। देख लो पंचो, ये सबूत, अभी भी मेरी छुड़कती छातियों से दूध बह रहा है, अब पनाहन को बुलाकर देख लो, कैसे दूध पिलाती है उसे!"

बेहया, सचमुच ही बीच चौराहे में अपनी फटी कुर्ती ऊपर कर खड़ी हो गई थी। टपटप कर उसके कुंठित मातृत्व का पुष्ट प्रमाण मिट्टी को अभिसिंचित कर गया। जब तक जीती रही, वह दर्पित सिर उठाए बराबर हर महीने आकर परमानन्द पांडे से अपनी चौथ वसूलती रही। फिर सहसा उसका आना बन्द हो गया। लोग दबे स्वरों में कहते सुने गए थे कि पापी परमानन्द ने उसे कटवाकर तराई के घने जंगल में गड़वा दिया है। उस संदिग्ध अतीत को जानकर भी उस अकर्मण्य जुआरी को जमाता बनाने का कैसा दुराग्रह था, इंजीनियर साहब का? गाँव से अल्मोड़ा जानेवाली एकमात्र 'कुमाऊँ मोटर यूनियन' की बस छूट चुकी थी, फिर भी पैदल ही पूरे बीस मील की दूरी पार कर, वह अल्मोड़ा पहुँचा तो अन्धकार घनीभूत होने लगा था। तब अल्मोड़े को विद्युत-छटा ने आलोकित नहीं किया था। समृद्ध गृहों में गैस जलते थे; किन्तु अधिकांश मध्यवर्गीय गृहों में लालटेन या लैम्प का ही क्षीण प्रकाशपुंज टिमटिमाता। उस दिन, सौभाग्य से, चन्द्रिका की विधवा मौसी कहीं भागवत् सुनने गई थी। चन्द्रिका बरामदे में बैठी लालटेन की चिमनी साफ कर रही थी। काँच की लम्बी चिमनी का एक सिरा हाथ से बन्द कर, दूसरे सिरे से वह अपनी श्वास-प्रश्वास का धुआँ भर रही थी। आज इतने वर्षों में भी उस किशोरी की वह अपूर्व छवि चन्द्रवल्लभ भूल नहीं पाया—दोनों फूले कपोल, धरा पर लोट रहा आँचल, तीव्र श्वास-प्रश्वास की धौंकनी में उठते-गिरते नन्हे वक्षस्थल का मोहक उत्थान-पतन! मुग्ध दृष्टि से देखता चन्द्रवल्लभ वहीं ठिठककर खड़ा रह गया। हाय-हाय, यह हीरा क्या उस अनाड़ी, शराबी, जुआरी सदानन्द की चादर की गाँठ से बँधेगा? पागलों की तरह आगे बढ़ उसने चिमनी सहित चन्द्रिका को अपनी उन्मत्त भुजाओं में बाँध लिया। एक पल के लिए उसे मौसी की उपस्थिति की सम्भावना भी नहीं सहमा पाई थी। चन्द्रिका को अधीर प्रेमी के उन्मत्त आलिंगन ने चौंकाया ही नहीं, ललाट पर, अधरों पर, चिबुक पर उन तप्त अधरों का अंगारे का-सा स्पर्श उसे अवश भी बना गया।

एक पल के लिए वह चेतना खो बैठी। हाथ से चिमनी गिरकर चूर-चूर हो गई, तो दोनों विलग हुए। एकाएक अपने अधैर्य पर चन्द्रवल्लभ को स्वयं

खीझ उठी। न जाने कितनी पुस्तकें, रसमर्मज्ञ कवियों के श्लोक कंठस्थ कर वह इतनी दूर इस प्रेम-निवेदन के लिए आया; किन्तु सुअवसर जुटा तो भूखे भिक्षुक-सा भोजन पर टूट पड़ा। छिः-छिः, कितनी बार पढ़ी थीं उसने वे पंक्तियाँ :

प्राग चुम्बदलिके ह्रि नतां तां
क्रमाद्दरनतां कपोलयोः
तेन विश्वसितमान सां झटित्यानन स परिचुम्ब्य सिष्मियं

(राजा नल ने लज्जा से नीचे मुख किए हुए दमयन्ती का पहले ललाट में, फिर कुछ विश्वास उत्पन्न हो जाने पर नम्रमुखी दमयन्ती के कपोलों में और फिर विश्वस्त चित्तवाली उसको तुरन्त मुख से चुम्बन कर मुस्करा दिया।)

यहाँ तो वह मूर्ख स्वयं सिर झुकाए ऐसे अपराधी बना खड़ा था, जैसे दिन-दहाड़े किसी की हत्या कर दी हो! किन्तु चन्द्रिका पलक झपकते ही उसके सम्मुख ऐसे तटस्थ होकर खड़ी हो गई, जैसे कुछ हुआ ही न हो।

"आप अचानक यहाँ इस असमय में कैसे आ गए? दीदी की तबियत तो ठीक है ना?" उसकी दीदी पूरे दिनों से है, यह जानकर ही शायद उसने वह प्रश्न पूछा था।

उत्तर देने से पहले ही वह मूर्ख फिर अपनी कैफियत देने लगा था।

"मुझे माफ कर दो चन्द्रिका, मैं तुम्हें देखकर अचानक पागल हो गया था।" उसकी फिर घिग्घी बँध गई थी।

"दीदी ठीक है ना?" बिना कुछ उत्तर दिए उसने फिर अपना प्रश्न दोहराया।

"हाँ; भाभी ठीक हैं, पर जानती हो चन्द्रिका, तुम्हारे बाबूजी ने तुम्हारा विवाह पक्का कर दिया है! मैं तुम्हें वही चेतावनी देने बीस मील पैदल चलकर आया हूँ।" वह एक बार फिर उसका परमहितैषी बना, उसकी ओर झुका।

"तो क्या हो गया?" उसके अनारदाने-से रक्तिम अधरपुट बड़ी अवज्ञा से फड़के—"विवाह तो एक दिन सबका ही होता है।" वह अहंकारी सुन्दर छोकरी क्या जान-बूझकर ही उसे छेड़ रही थी!

"पूछती हो, क्या हो गया!" वह बड़ी ज़ोर से झल्लाया—"सदानन्द शराबी की चादर की गाँठ से बँधने को हो तैयार? वही सदिया, जिसकी माँ..."

"देखिए, मेरा विवाह किसी से भी हो, आपके पेट में दर्द क्यों हो रहा है? सदानन्द कैसे भी हों, दीदी के विवाह में उन्होंने ही बाबूजी को सहारा

दिया था, हमारे घर में कौन मर्द बैठा था? अम्मा की बीमारी में गेठिया सैनेटोरियम में भी वही रहे थे, यह जानकर भी कि टी.बी. की छूत उन्हें भी लग सकती है।''

''ओह, तो अब तुम्हें देकर उसी कर्ज़े से मुक्ति पा रहे हैं तुम्हारे बाबूजी, क्यों?''

फिर, जो मुँह में आया, वही बक-झक कर, अपने विदग्ध हृदय की पूरी भड़ास निकालकर, वह तेजी से बाहर निकल ही रहा था कि द्वार पर उसकी मौसी से टकरा गया।

''अरे आओ-आओ बेटा चन्द्रवल्लभ, कैसे आए? हमारी सरुली तो ठीक है ना? चल आ भीतर।'' वह फिर उसे बड़े स्नेहपूर्ण आग्रह से भीतर खींच ले गई थीं।

इस बीच चन्द्रिका दूसरी चिमनी निकाल, लालटेन जला चुकी थी। लालटेन के पिंगलवर्णी प्रकाश में उसके गौर ललाट पर, क्षणभर पूर्व साफ की गई चिमनी की कालिख, शायद अनजाने में पसीना पोंछते समय, डिठौना-सी अंकित भरपूर चमक उठी—''अरी, ये कपाल में 'मोसा' (कालिख) कहाँ से लगा लाई?'' मौसी हँसकर अपने आँचल से उसे पोंछने बढ़ीं तो व्यवहारकुशल चन्द्रवल्लभ ने अपना रूमाल उन्हें थमा दिया था।

''क्यों अपनी धुली-धुलाई साड़ी खराब कर रही हो मौसी! ये लो...''

अपने रूमाल के उस स्फटिक-से उज्ज्वल ललाट का स्पर्श करते-करते ही वह अपने आहत हृदय की समस्त व्यथा भूल गया था। रूमाल से कालिख पोंछकर भी उस विचित्र लड़की ने उसका रूमाल उसे क्यों नहीं लौटाया और फिर कैसी विवेक भीरुकर्षिता दृष्टि से उसे आपादमस्तक रससिक्त कर पल-भर निहार, आँखें झुका लीं, यह देख वह पल-पल प्रणय-अंधकूप में गहरा धँसता चला गया था। फिर तो पूरे पन्द्रह दिनों तक अकारण ही अल्मोड़ा में डेरा डाल, उसने मौसी के घर के न जाने कितने चक्कर लगा डाले थे। यही नहीं, कभी मिशन स्कूल के पिछवाड़े की जनशून्य पगडंडी में, कभी सैनेटोरियम के अरण्य में, जहाँ प्रत्येक मंगलवार को चन्द्रिका अपनी मौसी के बीमार जेठ को फल पहुँचाने जाती थी, वह जान-बूझकर ही रहस्यमयी को घेर, उसके अन्तरतम हृदय पट के मुँदे द्वार खटखटाने की चेष्टा करता रहता, किन्तु वह बित्ते-भर की छोकरी उसे अपनी तर्जनी पर ही नचाती रही थी।

''चन्द्रिका, तुम मुझे एक वर्ष का समय दो, फिर मैं तुम्हारे बाबूजी का

पूरा कर्ज़ा चुका दूँगा। मैं इतना अकर्मण्य नहीं हूँ चन्द्रिका! तुम नहीं जानतीं, सदानन्द कैसा जघन्य व्यक्ति है।''

पर वह निःशब्द बैठी मुस्कराती रहती। उसका वही मौन स्मित कभी-कभी उसे फिर पागल बना देता, और वह उसे बाँहों में बाँधकर मसल देता। ओफ़, किस अमानवीय संयम से उसने एक दिन अपने को रोका था!

''ओह, छोड़ो-छोड़ो! कोई देख लेगा, तब?''

''यही तो मैं चाहता हूँ, चन्द्रिका, दुनिया तुम्हें मेरी बाँहों में देखे, खास कर तुम्हारा सदानन्द। मैं भी फिर देख लूँगा, कैसे मेरी जूठी पत्तल चाटता है भिक्षुक!''

हँसती-हँसती चन्द्रिका गोली-सी दूर छिटक जाती—''बहुत बहादुर मत बनो 'नानभिज्यू' (छोटे जीजा)!'' वह न जाने क्यों उसे इस विचित्र सम्बोधन से पुकारती थी—''सदानन्द तुम्हें कभी पिस्सू-सा मसलकर रख देगा, समझे?''

एक ओर सदानन्द के लिए ऐसी भक्ति, श्रद्धा और दूसरी ओर जब भी उसका वह दूसरा प्रणयी उसे किसी अरण्य में मिलन-आह्वान से खींचता, वह मन्त्रपूत डोर में बँधी खिंची चली आती! तब क्या यह कौतुकप्रिय किशोरी एकसाथ दो-दो प्रणयोन्मत्त हृदयों को अपनी दो तर्जनियों पर नचा रही थी?

फिर बड़े भाई के पुत्र-जन्मोत्सव पर उसने इस अलौकिक नटिनी का एक सर्वथा नवीन रूप देखा था। भाई की पूरी गृहस्थी का भार अपने सुकुमार स्कन्धों पर ढोती, वह अपनी दीदी से भी अधिक कुशल गृहिणी बन उठी थी। उन दिनों का स्मृतिरत्न ही चन्द्रवल्लभ के स्मृतिकोष का अब सबसे जगमगाता वैदूर्य मणि था। आँचल कमर में खोंस वह कभी भागकर अपनी दीदी को पँजीरी खिलाती, कभी अनुभवी जननी की भाँति नवजात शिशु को छाती से लगा दुलराती, लोरियाँ गाती और कभी निमन्त्रित नारी समुदाय को अपने मधुर कंठ से सोहर की स्वर-लहरी से झुमा देती :

जच्चा किसकी हो तुम कुलवधू
जच्चा कवन सजन की धीय
महर-महर हरे वाकरे?

फिर सहसा पैरों में घुँघरू बाँध, वह अपनी क्षीण कटि लचकाती, द्वार की दरार से झाँक रहे बड़े और कुँआरे छोटे जीजा के दो जोड़ी मुग्ध नयनों को समान रूप से बाँधती, जान-बूझकर एक ही पंक्ति को बार-बार दुहराती :

सास मोरी ढूँढे

ननद मोरी ढूँढे
सैंया ढूँढे री गले में बैंया डाल-डाल।

उस सुराहीदार शंखग्रीवा में सचमुच ही बैंया डाल, बरेली के बाज़ार में झुमका ढूँढने उसका उद्ग्रीव प्रणयी, मुँदे कपाट की दरार से सटकर खड़ा है, वह जानती थी, इसी से बार-बार द्वार तक जा वह नृत्य-भंगिमा में ही हँसती-हँसती पीछे खिसक जाती।

उस छठी भोज के निमन्त्रित अतिथियों में उस दिन उसके दोनों प्रणयी एकसाथ उपस्थित थे।

"हैलो ब्रादर!" यह कह पच-पच पान का पीक थूकते सदानन्द ने चन्द्रवल्लभ के कन्धे पर हाथ रखा तो वह ऐसे भड़क उठा था, जैसे किसी कोढ़ी ने अपने हाथ का ठूँठ उसके कन्धे पर रख दिया हो।

जान-बूझकर ही चन्द्रिका ने कितने लज्जासिक्त आग्रह से सदानन्द की अभ्यर्थना की थी—"ये आलू के गुटके खाइए ना, मैंने बनाए हैं और ये दही-दाड़िम आपको बहुत पसन्द है ना?" जल-भुनकर एकदम कोयला हो गया था चन्द्रवल्लभ। क्या-क्या उसे पसन्द है, यह भी याद रखती है छोकरी! तब उसका रूमाल क्यों कमर में खोंसे फिरती है? उस दिन नाचते-नाचते कैसी लास्यमयी मुद्रा में उसने कमर का वही रूमाल निकाल, नन्दादेवी के नर्तकों के रेशमी रूमाल की भाँति, अपने कंठ में ग्रैवेयक-सा गूँथ लिया था!

चन्द्रिका, चन्द्रिका, क्या तुम जीवन-भर शुम्भ-निशुम्भ की भाँति हमें दबा, दोनों की छाती पर पैर रखकर नाचती रहोगी? वह कभी ज़ोर-ज़ोर से अपने एकान्त कमरे में बड़बड़ाने लगता।

किन्तु, अन्त में विजय सदानन्द की ही हुई थी। लक्ष्मी ने ही सरस्वती को अँगूठा दिखा दिया। सौम्य दर्शन चन्द्रवल्लभ की विद्या, योग्यता, कुल प्रतिष्ठा, सब ताक पर धरी रह गईं। जब वह अपनी प्रशासकीय सेवा की परीक्षा के कठोर अध्ययन में आकंठ डूबा था, तभी उसकी अनुपस्थिति में चतुर गिद्ध झपट्टा मारकर उसके मुँह का ग्रास छीनकर ले गया!

विवाह का निमन्त्रण-पत्र भी शायद जान-बूझकर ही दूरदर्शी कन्या के जनक ने विवाह के पूरे आठ दिन बाद भेजा—निष्प्राण-सा। चन्द्रवल्लभ फिर कितने ही दिनों तक बिना खाए-पिए, अपने उदार मेज़बान के यहाँ चुपचाप पड़ा रहा। पिता के जिस समृद्ध मित्र के यहाँ वह रहकर परीक्षा दे रहा था, उन्हीं की पत्नी फिर उसे ज़बर्दस्ती खींचकर खाने की मेज़ पर ले गई थीं।

"क्यों, पर्चा ठीक नहीं हुआ बेटा? बिगड़ने दो, चिन्ता क्यों करते हो, अभी तुम्हारी उम्र ही क्या है! ईश्वर ने चाहा तो अगले साल बाज़ी मार लोगे।"

पर बेचारी ताई, उन्हें क्या पता था कि जो बाज़ी वह हार चुका है, एक बार हारने पर संसार का कोई भी पुरुष उसे फिर आज तक नहीं जीत सका है। धीरे-धीरे पराजित पौरुष की गहन व्यथा ने ही उसे सांघातिक रूप से दुःसाहसी बना दिया था। जो हृदय-सिंहासन कभी केवल चन्द्रिका के लिए आरक्षित था, वहाँ उसने राजनीति को ही प्रेयसी-रूप में स्थापित कर दिया। वही अटूट प्रेम, निष्ठा, वही निष्कपट निवेदन का नित्य-नवीन अर्घ्य उस नवीना प्रेयसी के चरणों में अर्पित कर, उसने पुरस्कार भी पा लिया। अतीत में झेली गई लाठियाँ अब देवताओं द्वारा की गई सुमनवृष्टि की ही भाँति उसे आपादमस्तक आच्छादित कर उठीं। न जाने कितनी बार उसने मन्त्रिमंडलों को धन्य किया, देश-विदेश की यात्राएँ कीं! नित्यप्रति का पूर्वाभ्यास किया गया स्मित बड़ी स्वाभाविकता से उसके अधरों पर पान की लालिमा की ही भाँति रस-बस गया।

इस बीच, जिस मेज़बान के यहाँ कभी दरिद्र आश्रित अतिथि बन परीक्षा देने टिका था, उसी के गृहस्वामी ने उसे जामाता-रूप में स्वीकार कर, प्रतिष्ठित कुल की मान्यता भी अनायास ही उपलब्ध करा दी। रूप-रंग के नाम पर पत्नी क्षीण मूलधन लेकर ही आई थी। एक बार रीढ़ की हड्डी में चोट आने से बेचारी कुछ कुबड़ी होकर ही चलती थी; किन्तु कुल मिलाकर माधवी उसके लिए भाग्यवती ही सिद्ध हुई थी। कभी-कभी उसका उग्र स्वभाव चन्द्रवल्लभ के लिए बहुत बड़ा सिरदर्द बन उठता था, किन्तु ऐसे अवसरों पर वह लम्बे हवाई दौरों पर निकल जाता। जब लौटता, तब ज्वार-भाटे की तरंगों की भाँति पत्नी का क्रोध स्वयं ही शान्त हो जाता। फिर, वह स्वयं भी आश्चर्यजनक रूप से सहिष्णु, उदार सहचर था। माधवी जब चाहे, जहाँ चाहे, घूम-फिर सकती थी, मनमानी साड़ियाँ खरीदने की उसे पूरी स्वतन्त्रता थी। क्लब में ताश का रतजगा हो या रेसकोर्स के अश्वों का सुदीर्घ प्रदर्शन—वह अपने पुरुष मित्रों के साथ मनमानी उड़ान भर सकती थी। कभी-कभी चन्द्रवल्लभ को अपनी सहिष्णुता पर आश्चर्य भी होता था। उसकी पत्नी को पुरुषों का साहचर्य भी मोहता था और उतने ही गोपों की अपनी उस एकमात्र राधिका के ऐसे उन्मुक्त विचरण ने उसे कभी ईर्ष्या-दग्ध नहीं किया, जबकि चन्द्रिका के मुँह से सदानन्द का नामोच्चार ही उसे जलाकर राख कर देता था।

'चन्द्रिका! चन्द्रिका! तुम्हें क्यों नहीं भूल पाता हूँ, क्यों...?' किन्तु इस क्यों का उसके पास कोई उत्तर नहीं था। अन्तिम बार की भेंट को वह एकान्त में उसी सूक्ष्मता से अपने अन्तर-पट पर बार-बार अंकित करता, जैसे किसी प्रियजन की मृत्यु-शय्या पर उसकी अन्तिम झलक को कोई बार-बार स्मरण कर, स्मृतिपटल पर खींच लाता है! उस दिन वह अपनी मौसी के लिए पथरौंटे में ज्यूणिया की दुकान से कूँडे की दही ला रही थी। मार्ग में दही चाटने का लोभ शायद बेचारी संवरण नहीं कर पाई थी, इसी से मलाई की एक चुगलखोर परत उन लुभावने अधरों पर ही जम गई थी।

"क्यों, खूब मलाई खाकर मौसी की एकादशी भ्रष्ट कर रही हो ना छोटी साली...?"

मौज-मस्ती में आने पर वह उसे इसी नाम से छेड़ा करता था।

"चल हट, कहाँ, कहाँ!" वह कह आँचल से होंठ पोंछने लगी थी।

"हठ मूर्ख, साड़ी से कहीं ऐसी स्वादिष्ट मलाई पोंछी जाती है! ला, मैं पोंछ दूँ।" कह बड़ी धृष्टता से उसने उसे बाँहों में बाँध लिया था।

उस अँधेरी सँकरी गली में दिन-दहाड़े ही मरघट का-सा सन्नाटा छा जाता था, फिर उस दिन तो साँझ ढल गई थी।

"चलोगी चन्द्रिका?" उसने उसके कानों के पास होंठ सटा लिए।

"कहाँ?"

"कल इलाहाबाद जा रहा हूँ। छुट्टियों का तो अब झमेला ही नहीं है। ईद, दशहरा, दीवाली, सब मिलकर मेरे सौभाग्य से ये सुअवसर एकसाथ जुटा गई हैं। चलो, इसी बहाने में तुम्हें कहीं दूर भगा ले चलूँ! किसी के बाप को भी पता नहीं चलेगा। नेपाल में मेरा एक रईस मित्र है, वहीं शरण लेंगे। चटपट अपनी मौसी को दही खिलाकर सुला आओ। मैं यहीं रुका रहूँगा। आज ही रात को भाग चलेंगे। चलोगी चन्द्रिका?"

अचानक ही यह भयंकर दुःसाहसी प्रस्ताव उसके दिमाग में आ गया था और प्रस्तावित करने में उसके दृढ़ स्वर में कहीं भी हास-परिहास का पुट नहीं था। शायद इसी से भयत्रस्त होकर सहमी उसकी प्रेमिका, पथरौंटे सहित, हिरनी-सी भागकर पल-भर में गली के मोड़ से अदृश्य हो गई थी। इसके बाद उसने फिर चन्द्रिका को कभी नहीं देखा।

महीने-भर बाद उसके विवाह का निमन्त्रण-पत्र मिला था। आज इतने वर्षों पश्चात् किसने उसे अमृत संजीवनी बूटी सुँघा, फिर उसके सम्मुख खड़ा

कर दिया! शायद माधवी की मृत्यु ने या प्रवंचक विदेश-प्रवासी पुत्र के जर्मन मेम से विवाह ने, या स्वयं वैधव्यदग्ध चन्द्रिका के अस्तित्व ने!

इतने वर्षों पश्चात्, दोनों एक बार फिर स्वतन्त्र थे। क्रूर राजनीति ने चन्द्रवल्लभ को सिंहासनच्युत कर धरा पर पटक दिया था। राह के किसी राहगीर-सा ही तो था वह अब—एक साधारण मानव! अतीत के वैभव की एक टोपी ही तो स्मृति चिह्न के रूप में बची थी, उसे चन्द्रिका से मिलने से पूर्व किसी स्टेशन पर छोड़ जाएगा।

अपने आने की सूचना उसने केवल चन्द्रिका को ही दी थी। 'इतने वर्षों बाद मैं एक बार फिर तुमसे अपना वही प्रश्न पूछने आ रहा हूँ—चलोगी चन्द्रिका? शायद तुम सुन ही चुकी होगी, मैं अब विपत्नीक हूँ। मेरे इकलौते पुत्र ने स्वदेश की महिमा त्याग विदेश को ही जन्मभूमि मान लिया है। तुम भी एकान्त जीवन व्यतीत कर रही हो, यह मैं भी सुन चुका हूँ। कभी हम, सैनेटोरियम के पिछवाड़े, जिस सुदीर्घ दैत्याकार देवदार के नीचे मिला करते थे, वहीं तुम्हारी प्रतीक्षा करूँगा। बुधवार, ठीक पाँच बजे; किन्तु इस बार एक शर्त भी है। यदि तुम मेरा प्रस्ताव स्वीकार करती हो, तब ही आना, अन्यथा नहीं। मैं तुम्हारी अनुपस्थिति को अपना दुर्भाग्य ही स्वीकार कर लूँगा।

—चन्द्रवल्लभ'

बुधवार के दिन पाँच के बदले चार ही बजे पहुँच गया था वह अधीर-क्लान्त पथिक। न जाने कितनी उलझनें, कितनी शंकाएँ उसे विह्वल कर उठीं!

क्या पता, उसे चिट्ठी ही न मिली हो! क्या पता, वह न आए! और फिर एकाएक उसके कौतुकप्रिय चित्त को उसकी एक नवीन योजना आल्हादित कर गई। लपककर वह एक घनी झाड़ी में दुबककर छिप गया। चन्द्रिका आएगी, निराश दृष्टि से इधर-उधर देखेगी, फिर वह हताश होकर लौटने लगेगी, तभी वह उसे बाँहों में बाँध, उस परिचित अरण्य को अपनी उल्लसित चीख से गुँजा देगा—'चलोगी चन्द्रिका?'

ठीक जैसे काफल के पेड़ पर पहाड़ी चिड़िया जूँहो टहूकती है, 'जूँहो-जूँहो' और दूसरी चिड़िया ठीक स्वर से स्वर मिलाकर उत्तर देती हैं—'भोल, भोल, भोल,' क्रमशः निकट आती पदचाप सुनते ही उसका हृदय ज़ोर-ज़ोर से धड़का—'मूर्ख, मूर्ख चन्द्रवल्लभ,' वह मन-ही-मन स्वयं अपनी खिल्ली उड़ाने लगा—'तू क्या अब तीस वर्ष पहले का वह विवेकहीन तरुण रह गया है?'

पत्तियाँ चरमराईं, पिरुल खिसका और वह आई। इधर-उधर देख वह बड़ी

देर तक खड़ी रही, फिर हाथ का सूटकेस नीचे धर, सूखी घास पर धम्म से बैठ गई। घनी झाड़ी के भीतर छिपा चन्द्रवल्लभ अविश्वास से आपादमस्तक बदल गई अपनी प्रेयसी को एकटक देख रहा था।

विराट शरीर, भग्न दन्त-पंक्ति, बूँदी के लड्डू की ही भाँति ठाँस-ठाँसकर बाँधा गया सूक्ष्म जूड़ा, अधखिचड़ी बालों को विभक्त करती टेढ़ी-मेढ़ी अयन्न से सँवारी गई माँग, पैरों में फटर-फटर करती क्रेपसोल के मर्दाने जूते और बुर्के की भाँति लपेटा गया खुरदरा काला शॉल। आँखों पर लगे चश्मे को उसी खुरदरे शॉल से पोंछ, उसने एक बार फिर आँखों पर लगा, इधर-उधर बड़े ध्यान से देखा। छह बजे। सात बजे। और जब दूर गिरजे की घड़ी ने टन-टन कर आठ भी बजा दिए, तब सूटकेस उठाकर खड़ी हो गई। अन्तिम बार, शून्य दृष्टि से, उस अरण्य को निहार, चन्द्रिका अपने मोटे मर्दाने जूते की घोड़े की-सी टाप से, सूखी पिरुल घास रौंदती, धीरे-धीरे उतार उतर गई।

उसके जाने के बड़ी देर बाद ही झाड़ी से बाहर निकल, चन्द्रवल्लभ उसी सूखी घास पर किसी मातृहारा शिशु की ही भाँति लोट-लोटकर रोता रहा था। ओफ, कैसा करुण क्रन्दन था वह! कैसी हृदयद्रावक सिसकियाँ! लग रहा था, वह अपने को रोक ही नहीं पा रहा है। आज तक जो दिव्यमूर्ति, प्रेयसी-रूप में किसी ताबूत में सुरक्षित शव की भाँति, उसके हृदय में ज्यों-की-त्यों धरी थी, वह किन्हीं अज्ञात विकार के कीटाणुओं के संसर्ग से सहसा क्षयग्रस्त हो, वीभत्स बन गई थी।

आज उसे पहली बार लग रहा था कि उसने चन्द्रिका को हमेशा-हमेशा के लिए खो दिया है!

अब वह कभी नहीं कह पाएगा—'चलोगी चन्द्रिका?'

गान्धारी

दोनों सखियाँ आमने-सामने बैठी थीं। रमा माथुर छरहरे शरीर की लम्बी लावण्यमयी युवती लगती थी, निकट से देखने पर ही देखनेवाला अपनी भूल पकड़ पाता था। यौवन उससे बहुत पहले विदा ले चुका था किन्तु उसके चेहरे पर अभी भी पूर्व लावण्य के ऐसे हस्ताक्षर थे, जिन्हें कालचक्र भी कठिनता से मिटा सकता है। उसकी आँखों पर मोटे फ्रेम का चश्मा था, चेहरे की झुर्रियों ने विदेशी बहुमूल्य प्रसाधनों से पराजित हो अपने हथियार डाल दिए थे, कटे बालों की वही लोकप्रिय आधुनिक सज्जा थी, जिससे मंडित भारतीय अभिशप्त विधवाओं का दल-का-दल आज से दस वर्ष पूर्व, भारत के किसी भी तीर्थ-स्थल या संगम पर देखा जा सकता था। काले केशों का आवश्यकता से अधिक काला रंग प्रायः रमा के साथ की अध्यापिकाओं को संशय में डाल देता था। क्या यह विधाता का औदार्य था या स्वयं रमा के हाथ की सफाई? जो भी था, अपनी उम्र को रमा ने कसकर मुट्ठी में दबा लिया था, भले ही यौवन उसे छोड़ दे, वह यौवन को छोड़ने के पक्ष में नहीं थी। शरीर के गठन में अभी भी युवती का लास्य था, कटाक्षों में ऐसी कलई का मुलम्मा था, जो चतुर-से-चतुर पुरुष को भी चरणों का दास बना सकती थी। उसकी बीस वर्ष की लम्बी नौकरी ही आज उसकी सबसे बड़ी शत्रु बन गई थी, चाहने पर भी वह अपनी उम्र को अब अधिक नहीं घटा सकती थी। आखिर वह एम.ए. एल.टी. थी, यौवन का एक सुनहरा प्रभात तो उन लम्बी-लम्बी डिग्रियों से विभूषित होने में बीता ही होगा, फिर विवाह का प्रकरण, जो उसके दुर्भाग्य से अधूरा ही रह गया था। पहले उसके पिता को उसके योग्य पात्र ही नहीं जुटे। कोई स्वयं छोटे कद का छोटा था, तो किसी की नौकरी का कद छोटा था और किसी का सम्मिलित परिवार आवश्यकता से अधिक बड़ा था। रमा

के पिता सेशन जज थे, अदालतों की दूषित हवा उनके फेफड़ों में इस बुरी तरह घुसी हुई थी कि प्रत्येक भावी जामाता उन्हें कठघरे में खड़ा अभियुक्त ही लगता। कई सुयोग्य पात्रों को उन्होंने अपनी ही मूर्खता से गँवा दिया। 'पीता तो नहीं है? सिनेमा देखता है, क्या कहा नाटकों में भाग लेता है, कविता लिखता है?' आदि-आदि निरर्थक प्रश्न पूछकर वह सबको सहमा देते, फिर ईश्वर-कृपा से भारत में कन्यादायग्रस्त पिताओं की एक लम्बी कतार, विवाह मार्केट में सर्वदा उपलब्ध रहती है। जहाँ जज साहब एक पात्र को छोड़ता, दूसरा लपककर उस अच्छी-भली पतंग की डोर को थाम अपनी ओर खींच लेता। धीरे-धीरे समय बीतता गया। जज साहब की सहसा हृदयगति बन्द हो जाने से मृत्यु हो गई और बेचारी रमा अनब्याही ही रह गई।

रमा ने नौकरी कर ली, विलम्बित कौमार्य के कृष्ण मेघ ने उसके सुकुमार चेहरे को पूर्णतया घेर लिया था किन्तु उसने अपने बचे-खुचे सौन्दर्य मूलधन को, जन्मजात कृष्ण की भाँति ही सेंतकर रखा था। वह विदेश से सैकड़ों रुपया खर्च कर भाँति-भाँति के सौन्दर्य-प्रसाधन, लेप-प्रलेप मँगाती रहती थी। उसके पिता बहुत रुपया छोड़ गए थे, और कोई था नहीं, करती भी क्या? एकाध दूर के रिश्ते की बुआ और ताइयों ने उसके साथ काशीवास कर, मृत्यु समय तारक-मन्त्र श्रवण करने की इच्छा भी प्रकट कर दी थी, किन्तु रमा ने अपने छल-बल के झाड़ू से उन स्वार्थी आत्मीय स्वजनों को झाड़-झूड़कर झटक दिया था। वह अकेली ही भली थी, फिर अब अकेली भी तो नहीं थी। पिछले तीन वर्षों से उसकी सहपाठिनी रीना राना का स्थानान्तरण भी उसी के विद्यालय में हो गया था। न जाने किस अँधेरी-सी गली में, एक बंगाली परिवार के साथ 'पेइंग गेस्ट' बन बेचारी रहती थी, खींच-खाँचकर रमा उसे अपने बंगले में ले आई थी। बंगला भी तो उसका लाखों में एक था। तब से दोनों सखियाँ एक साथ ही रहने लगी थीं। सह-अध्यापिकाओं ने, ईर्ष्यावश रीना राना को व्यंग्य-वाणों से बींध भी दिया था किन्तु वह हँसमुख युवती तो जैसे चिकना घड़ा थी। इधर उसका झुकाव सन्त-समागम की ओर निरन्तर बढ़ता जा रहा था। सोने के लाकेट के बीच वह अपने उन स्थूलकाय गुरुजी की फोटो लगाए रखती थी जिन्होंने उसे गुरुमन्त्र दिया था और हाथ में पहनती थी 'ओम्' लिखी, मीनाकारी की एक भद्दी-सी अँगूठी। कभी-कभी वह भारत के तीर्थ-दर्शन की लम्बी यात्रा पर भी अपनी गुरु-बहनों के साथ निकल जाती और उसकी सखी रमा, बुरी तरह चिड़चिड़ाने लगती—"यह सब तुम्हारा

फ्रस्ट्रेशन है, रीना, क्या ढोंग करती हो यह! सच बताना, क्या तुम्हें यह सब अच्छा लगता है?'' ठीक ही तो कह रही थी रमा, उसे सचमुच ही कभी अपनी सजी-सँवरी नियम-आदेशों से बँधी जिन्दगी डंक मारने लगती। समय से उठना, नहाना-धोना, गिनकर 108 बार मन्त्र-जाप, फिर कलफ में सधी साड़ी पहन विद्यालय जाना, वहाँ कुंठाग्रस्त परिवेश के पोखरे में दिनभर डुबकियाँ लगाना और सन्ध्या को अपने और अपनी सखी के सजे बंगले में लौटकर लड़कियों की कॉपियाँ जाँचना। कैसा नीरस जीवन था उसका और रमा का! प्रत्येक वस्तु नियत स्थान पर सजी—न कहीं धूल और न धब्बा। 'यह भी कैसा क्रूर फौजी अनुशासन है!' वह मन-ही-मन सोचती, क्यों कोई बच्चों की चंचल टोली आकर, उनकी बैठक की रंगीन सज्जा को अपनी धमाचौकड़ी के झंझावात से झकझोर नहीं देती? क्यों कोई गृहस्थी स्त्रियों की मंडली उन्हें घेरकर, गृहस्थी के रंगीन कथानकों का जाल नहीं बिखेर देती? इधर-उधर की बातें—किस बहू को अपने से दुर्व्यवहार किया, किस सास ने अपनी बहू को अपने पुत्र का शत्रु बना दिया...हाय, कैसी प्यारी-प्यारी बातें किया करती थीं उसकी माँ और भाभियाँ, चाची और ताइयाँ। हाथ हिला-हिला, नथ के जुगनू झमका, आँखें चमका, पुतलियाँ फिरका, घंटों वे मुहल्ले-टोले की स्त्रियाँ हँसती-हँसातीं, लड़ती-झगड़तीं, रोती-रुलातीं, वही कार्यक्रम नित्य समय-असमय दोहराती रहतीं, जिन्हें संसार भर की स्त्रियाँ प्रायः एक ही ढर्रे से युग-युगान्तर से दोहराती आई हैं।

किन्तु क्या हो गया था उन दोनों सखियों को? न अब वे लड़ती थीं और न हँसती थीं। एकसाथ बैठे-बैठे कभी घंटों बीत जाते—खाने बैठतीं तो चुगकर उठ जातीं। सिनेमा देखने का प्रस्ताव तो दूर, कभी बाहर टहलने का प्रसंग भी भूल से नहीं छेड़ा जाता। स्त्री-सुलभ कुतूहल, हास-परिहास, नोंक-झोंक—सब दीयों की ज्योति बुझ गई थी, जल रही थी केवल एक गुष्प, घृत, ज्योति, ईर्ष्या और द्वेष की।

बीस वर्ष की मैत्री की नाड़ी, सहसा ल्युकेमिया के मरणासन्न रोगी की नाड़ी की भाँति चेतना खो रही थी। मृत्यु आसन्न थी—दोनों कभी लुक-छिपकर एक-दूसरे को कनखियों से देखतीं और पकड़े जाने पर ऐसे सहमकर आँखें फेर लेतीं, जैसे कोई पाप कर रही हों। शत्रुता का घातक कीटाणु घुसा था एक सामान्य-से छिद्र से।

एक दिन उठते ही दोनों ने देखा, सामने खड़ी सेठ रामरतन की ऊँची हवेली की खिड़की खुली है। वर्षों से बन्द यह हवेली क्या सचमुच आबाद हो

गई थी? उन दोनों के कुतूहल का अन्त नहीं था—पता नहीं कौन था गृहस्थ या उन्हीं की बिरादरी का कोई वैरागी? लेकिन यह स्थिति अधिक समय नहीं चली—पहले दिन ही टेलीफोन माँगने के बहाने नए किराएदार ने आकर स्वयं अपना परिचय दे दिया। यह जयपुर विश्वविद्यालय में प्राध्यापक था, विदेश से लौटने के पश्चात् भारत के विभिन्न विश्वविद्यालयों को अपने चंचल चरणों की पावन धूलि से पवित्र करता हुआ, वह कुछ दिनों से जयपुर में था। 'यहाँ विश्वविद्यालय की मौखिक परीक्षा लेने आया हूँ। गृहस्थी मेरी है नहीं। स्वच्छन्द पक्षी की उड़ान है। मिस माथुर, क्षमा कीजिएगा, आपका नाम मैंने नेम-प्लेट पर पढ़ लिया था।' वह निर्लज्जता से हँसा तो रमा के जी में आया, उसकी बत्तीसी भीतर कर दे। पुरुष उसे स्वभाव से ही प्रिय थे, किन्तु उस कदर्य व्यक्ति की कैंची-सी चलती जिह्वा उसे नहीं रुची। यदि बिना बोले, केवल टेलीफोन कर, क्षमा माँग वह दबे पाँव चला जाता, तब वह उसे सिर-आँखों पर बिठाती, पर वह तो बिना बुलाए ही मेहमान बना घुस आया, इसी से रमा बिदक गई।

'देखा रीना, गोबर लगे जूतों को मुआ पोंछ लेता तो क्या बिगड़ जाता, मिरजापुरी कार्पेट का सत्यानाश कर गया!' वह बड़बड़ाई, पर रीना बड़ी प्रसन्न थी। उसे उस मोटे-मोटे होंठवाले, काले नाटे व्यक्ति की केवल यही बात पसन्द आई थी। कैसी बेतकल्लुफी से, वह अपने गोबर-सने खुरों की छाप छोड़ गया था, जैसे मस्ती से झूमता अरना भैंसा हरी-भरी फसल चरमराता किसी खेत के बीच से गुजर गया हो। दूसरे दिन से मस्त भैंसे ने उसकी सुरुचि-सम्पन्ना सखी को और भी भड़काना शुरू कर दिया। कभी वह बरामदे में ही केवल एक तौलिए की लुंगी लगाए, हठयोगी साधु की भाँति प्राणायाम खींच, घंटों पद्मासन लगाए बैठा रहता। खिलवाड़ में रमा को रीना छेड़ भी देती—'हाय, बेचारा योग की पुस्तकें पढ़ रहा है, अवश्य ही कोई योगभ्रष्ट साधक है, रमा!'

'झाड़ू मारूँ इस ढोंगी साधक की खल्वाट खोपड़ी पर! रुक, मैं अपनी दूरबीन ले आती हूँ। देखूँ, क्या पढ़ रहा है?'

वह भागती हुई दूरबीन ले आती और फिर देखते ही, अपनी सखी को भीतर खींच हँसते-हँसते लोटपोट हो जाती—'कहा था ना मैंने, पतंजलि के योग-दर्शन के नीचे, फिल्मी पत्रिका छिपा, हजरत आँखों-आँखों में सायरा बानो को पी रहे हैं।'

'ये अधेड़ कुँआरे तो मुए रँडुओं से भी गए-बीते होते हैं, रीना। खबरदार,

गज भर की दूरी बरतनी होगी इससे।'

गज भर की दूरी बरतने की नौबत ही नहीं आई, योग-दर्शन के अत्यधिक सेवन से बेचारे प्राध्यापक को स्वयं ही अपच हो गया। एक दिन दोनों सखियाँ उठीं तो सेठजी की हवेली के द्वार पर वही पुराना जंग लगा ताला लटक रहा था।

काश, वह ताला लटका ही रहता पर उसे तो अब दोनों सखियों की बीस वर्ष पुरानी मैत्री के द्वार पर लटकना था, लिहाजा वह फिर खुल गया।

बरामदे में फिर कुर्सी डल गई।

'रीना, रीना! भागकर आ, लगता है साधक जी फिर आ गए, देखती नहीं उसी की कुर्सी है।' रमा बच्ची-सी किलक उठी।

सहसा दोनों की बोलती एकसाथ बन्द हो गई।

एक सौम्य आकृति का लम्बा-चौड़ा युवक, उनकी ओर पीठ कर बैठ गया और अपने नाखून काटने लगा।

रीना ने अपने गुरुदेव की फोटो का लाकेट दाँतों में दबा लिया, उत्तेजित होने पर वह प्रायः ही ऐसा किया करती थी।

रमा सखी का कन्धा पकड़कर झुक गई—'हाय, कितना हैंडसम है!'

'कैसे लहरदार चिकने बाल हैं!'

'ठुड्डी में डिम्पल देखा?'

सचमुच ही उस सुदर्शन युवक का गौरवर्ण किसी विदेशी आइरिश की-सी लालिमा से रंजित था। वह एक के बाद एक सिगरेट फूँकता, बिना उन दो सखियों की ओर देखे, धूप का प्रचुर सेवन कर रहा था।

शायद वह नारी-हृदय का मँजा जौहरी था और यह भली-भाँति जानता था कि एक बार भी मुड़कर देख लेने पर, वह अपना समस्त आकर्षण गँवा बैठेगा। नारी को पुरुष की उदासीनता ही अधिक बाँधती है। फिर तो दोनों सखियाँ लुक-छिपकर उसे ही देखने लगीं।

तीन ही दिन में दोनों प्रौढ़ा सखियों की आयु के दस-दस वर्ष, स्वयं उनकी काल्पनिक गणना ने घटकर, पुराना योगफल मिटा दिया। जीवन की काली स्लेट पर फिर यौवन के जादुई अंक लिखे जाने लगे। पहले दोनों, बिना एक-दूसरे की राय लिए कपड़ा भी नहीं पहनती थीं, अब चुपके-चुपके दोनों नई-नई शोलापुरी साड़ियाँ खरीद लाईं। एक ने जूड़ा खोलकर दो चुटियाँ लटका लीं, दूसरी ने 'ओम्' लिखी अँगूठी उतार दी। एक ने चोटी में गुलाब लगाकर,

आँखों-ही-आँखों में पैंतरा बदल लिया तो दूसरी ने अकारण ही बरामदे के सारे काल्पनिक मकड़ी के जाले झाड़कर रख दिए। एक-आध बार शायद जान-बूझकर ही दो-तीन निर्दोष गमले भी गिराए गए, फिर अचानक दोनों सखियों से नहीं रहा गया, एक ही नदी की, बिछुड़ी बँट गई दो धाराओं की भाँति, दोनों फिर मिलकर एक हो गईं। क्यों न मिल-जुलकर ही मोर्चा बाँधा जाए!

'हाय रीना, तूने बेकार ही गमला तोड़कर रख दिया!' रमा ने हँसकर कहा—'हट, मैंने कहाँ तोड़ा!' कह रीना ने षोडषी कुमारी की भाँति हँसी की फुलझड़ी छोड़ी।

'कर क्या रहा है यह उजबक?' रमा सखी के कान के पास मुँह ले जाकर फुसफुसाई।

'राम जाने। जा, अपनी दूरबीन ले आ!' तीन गमले फोड़कर भी रीना हथियार डालने को तैयार नहीं थी।

'देख रीना, क्या बढ़िया स्वेटर पहने है।'

'क्या पता बीवी ने बुना हो', रीना ने हँसकर कहा। मन-ही-मन उसे इस तीन दिन के सामान्य-से परिचित सुदर्शन युवक के प्रति अपनी सखी का आकर्षित होना कुछ अच्छा नहीं लग रहा था। यह भी ठीक था कि वह स्वयं बेबस-सी उसी आकर्षण की डोर से खिंची चली जा रही थी।

'बीवी?' रमा ने अविश्वास से हाथ की दूरबीन मेज पर पटक दी—'हाँ री हाँ, तू क्या सोचती है, वह अभी तक उस मूर्ख योगी की भाँति हमारे लिए कुँवारा बैठा होगा? कम-से-कम तीस का तो होगा ही—गौर से देखती क्यों नहीं, धूप का चश्मा लगाए है, नहीं तो मैं पुरुष की आँखें देख, चट उनकी उम्र पकड़ लेती हूँ। पर क्या गजब की पर्सनैलिटी है रमा, देखकर भूख भागती है, अवश्य ही यह पुलिस या फौज में होगा—हमारे विभाग में तो ईश्वर ने छाँट-छाँटकर कामदेव बिठाए हैं', रीना ने अपने निर्णय के मौखिक समर्थन के लिए सहेली को उकसाया।

रमा के दिल में रीना के द्वेष की छुरी घप से बहुत भीतर तक धँस गई थी। हाय-हाय, वह तो मन-ही-मन अपना स्वयंवर रचा, इस अदृश्य मूर्ति के गले में माला डाल, संयुक्ता बनी, उसके काल्पनिक अश्व पर आरूढ़ा हवा में सरपट उड़ी जा रही थी कि रीना ने अचानक लगाम खींचकर भूमि पर लुढ़का दिया।

'चल रमा, भीतर चलें, हम दोनों अपने इस बरामदे से नीचे भी कूदेंगी

तब भी शायद यह हजरत टस-से-मस नहीं होंगे।'

'नहीं रीना, आज चाय भी यहीं पी लें, देखें कब तक नहीं देखता', रमा ने आँचल कमर में खोंस, ताली बजा, विदेशी मेमों के-से आरोह-अवरोह युक्त स्वर में नौकर को पुकारा—'मंगू, मंगू...'

फिर प्रखरा मुखरा सखी द्वय ने, आवश्यकता से कुछ अधिक ऊँचे स्वर में, चाय के साथ खाने के सामान का आदेश दिया—'देखो मंगू, चार फ्राई, पौरिज, टोस्ट और मक्खन की दो बट्टियाँ।' 'बेबी लोग यहीं चाय पिएँगी?' मंगू ने मूर्खतापूर्ण प्रश्न पूछा तो चालीस वर्ष की दोनों बेबियाँ झल्ला उठीं—'अरे, हाँ रे हाँ, कह तो दिया', फिर चाय आई, रंगीन प्याले खनके, अंडे की मनभावनी पिलौंदी, सुनहरे टोस्ट की मक्खन लगी तह पर, बड़े अन्दाज से बिछा, रंगीन नाखूनों से थामे गए काँटों द्वारा रंजित अधरों तक पहुँचाई गई, कई बार चम्मचें गिरीं, फिर काँटे। अपनी धूर्त चाल और सूझ-बूझ पर दोनों खिलखिलाकर हँसीं पर पाँच गज की दूरी पर बैठा, अपने व्यक्तित्व की एक ही गोली से एकसाथ दो चिड़िया गिरानेवाला वह अद्भुत निशानेबाज कानों में शायद रुई के पूरे दो बंडल खौंसे बैठा था। अचानक वह हिला, दोनों सखियों की हृदयगति एकसाथ बन्द होने लगी।

'अब देखेगा शायद', न चाहने पर भी रीना के मुँह से निकल गया। वह गुरुदेव सहित पूरा लॉकेट, सुपारी की भाँति कुतर रही थी।

'कभी नहीं,' रमा ने पसीना पोंछकर कहा।

'अगर देख लिया तो?' रीना ने पूछा।

'तो जा, तुझे ही दे दूँगी तेरा, समझी नहीं तो मेरा।'

'रंजू, रंजू!' उसने पुकारा तो दोनों काँप गईं, पूरे मकान की छत गुँजाता स्वर गूँजा—'रंजू, रंजना...'

रमा ने कसकर रीना का हाथ पकड़ लिया, मांसल कंठ की जैसी गुरु-गम्भीर गर्जना थी। उसने एक बार फिर अपने कंठ के नगाड़े पर स्वर का हथौड़ा पीटा और एक ताड़-सी लम्बी साँवली युवती गोद में एक गोलमटोल बच्चा लेकर आई।

'लो, थामो इस दुष्ट को, मैं सूटकेस बन्द कर लूँ। ले, जा पापा के पास।' उसने बड़े लाड़ से बच्चे को चूमा और उस व्यक्ति की गोद में डाल दिया। फिर वह एक सूटकेस खींचकर वहीं ले आई, कपड़ों से अटे मुँह बाए सूटकेस पर वह बड़ी निर्ममता से उकड़ूँ होकर बैठ गई और अपने भार से सूटकेस का

खुला मुँह बन्द कर उसने ताला ठोंक दिया।

'आप इसे लिये रहिए, मैं सामान उतार दूँ, रिक्शा आ गया है—तीन बज गए हैं, साढ़े तीन बजे तो हमारी गाड़ी छूटती है।' वह सूटकेस लटकाकर चली गई। चंचल बालक रबर की चूसनी चूस रहा था। अचानक पिता का चश्मा देख, उसने किलककर खींचने को हाथ बढ़ाया तो चूसनी नीचे गिर पड़ी—वह चीख-चीखकर रोने लगा।

अब तक दोनों सखियाँ जैसे किसी मनोरंजक चलचित्र का सबसे सनसनीखेज दृश्य देख रही थीं, दोनों की विलुप्त वाणी एकसाथ लौट आई।

'कितनी बदसूरत पत्नी है पर कितना सुन्दर बालक!' रीना ने एक लम्बी साँस खींचकर कहा—'अपने बाप पर गया है एकदम, कितना रो रहा है? पैरों के पास ही तो चूसनी पड़ी है, क्या टटोल रहा है उसका पापा।' इतने ही में बच्चे का रोना सुन माँ आ गई—'क्या हो गया? अरे, ले'—कह उसने चूसनी आँचल से रगड़ बच्चे के मुँह में लगा दी और पति की बाँह थामकर बोली—'चलिए, आपको रिक्शा में बिठा दूँ, अभी घर भी तो बन्द करना है।'

'हाय राम, यह तो अन्धा है!' रमा, रीना का हाथ छोड़, कुर्सी पर बैठ गई।

वह युवती पति को रिक्शा पर बिठाकर बरामदे का द्वार बन्द करने आई तो सहसा उसकी आँखें सामने खड़ी दोनों सखियों से चार हो गईं—'नमस्कार', उसने हँसकर कहा—'देखिए न, ऐसी हड़बड़ी में रहे कि आपसे मिल भी नहीं पाए, सिनहा मामाजी तो आप दोनों की इतनी प्रशंसा करते थे, पिछली बार जयपुर से आए थे न?'

'डॉ. सिनहा आपके मामा हैं क्या?' रीना ने पूछा।

'जी नहीं, मेरे पति के मामा हैं, उन्होंने यह हवेली अभी-अभी खरीदी है, मैं अपनी ननद के लड़के के मुंडन पर आई थी, देहात गई थी, कल ही आई।'

'आपके पति की आँखों में क्या कुछ तकलीफ हो गई है?' रीना बिना जड़ खोदे मानेगी थोड़ी ही, रमा के जी में आ रहा था उसे चाँटा कस दे।

'इनकी तकलीफ तो बहुत पुरानी है,' वह हँसी और उसकी अम्लान हँसी रमा को बड़ी प्यारी लगी।

'तो क्या आपके विवाह से पूर्व ही?' रीना ने अपने निर्लज्ज अधूरे प्रश्न में भी अपनी जिज्ञासा स्पष्ट कर दी।

चतुर युवती ने उसके कुतूहल को समझ लिया। वह उदासी से हँसी—'हाँ,

मेरी सगाई होते ही एक वायरस इनफैक्शन में इनकी दोनों आँखें जाती रहीं। अच्छा, अब चलूँ, देर हो रही है।' उसने नमस्कार की मुद्रा में अपनी हथेलियाँ जोड़ी भी नहीं थीं कि कुतूहलप्रिया रीना ने अपने क्रूर प्रश्न की अन्तिम गोली दागी—'क्या आपका परिचय इनसे विवाह से पूर्व का था?'

प्रश्न स्पष्ट था, अर्थात् 'ऐसे सुदर्शन व्यक्ति को विवाह के पूर्व हृदय सौंपकर क्या आप समय रहते वापस नहीं ले पाईं?'

'नहीं', सरल, स्वच्छ स्मित-से उसका साँवला चेहरा दीप्त हो गया—'हमारे समाज में तो पति से परिचय, विवाह से पहले नहीं, बाद ही में होता है। फिर मैंने तो इनका कभी नाम भी नहीं सुना था, पर जब सगाई हो ही गई थी तब तोड़ने से लाभ ही क्या था? मेरे पिताजी की भी इच्छा नहीं थी कि विवाह हो, मैंने ही जिद की। अच्छा, अब चलूँ।'

वह द्वार बन्द कर चटपट सीढ़ियाँ उतर गई। रमा को लगा वह ताड़-सी लम्बी साँवली युवती बदसूरत नहीं, संसार की सर्वश्रेष्ठ सुन्दरी है।

अन्धे विवश पति का हाथ थामने के लिए उस त्यागमयी गांधारी ने स्वेच्छा से ही अपनी आँखों पर पट्टी बाँधी थी। दोनों सखियाँ सोच रही थीं—वे दोनों कितनी तुच्छ थीं, कितनी तुच्छ!

●●●